Mehr von GEOlino …

…bekommt ihr in unserem Podcast auf die Ohren. Der erscheint jeden Mittwoch auf **geolino.de/podcast** und überall dort, wo es Podcasts gibt.

…findet ihr auch im Netz:

AF204703

»Comic-Super-helden habe ich schon als Kind geliebt. Vor allem Batman, weil der die lustigsten Feinde hatte. In diesem Heft schreibe ich über die Guten und die Bösen: **Berühmte Comic-Helden und -Heldinnen stelle ich auf Seite 50 vor.** Und Schurken wie den Joker und Voldemort habe ich zum ›Interview‹ gebeten. Was sie ausmacht, lest ihr ab Seite 56.«

Stefan, Heftredakteur

»Keine Frage: **Feuerwehrleute leisten heldenhafte Arbeit.** Dahinter steckt hartes Training, wie ich hautnah miterleben durfte. Für die Reportage auf Seite 36 habe ich zwei Tage lang ein Team aus Bottrop begleitet und gesehen, wie es lernt, brennende Autos und qualmende Container zu löschen. Dabei bin ich ganz schön ins Schwitzen gekommen! Aber nicht wegen der Flammen, sondern wegen des schweren Schutzanzugs.«

Simone, Textchefin

»Jeder von uns kann ein Held oder eine Heldin sein – indem wir uns im Alltag für Schwächere einsetzen und in Notsituationen handeln statt wegzuschauen. Diese sogenannte **Zivilcourage kostet allerdings eine große Portion Mut.** Ich habe für euch nachgeforscht, wann Menschen über sich hinauswachsen. Außerdem lest ihr auf Seite 46 Tipps, wie ihr euch in brenzligen Situationen am besten verhaltet.«

Annika, Redakteurin

Spezialeinsatz für das **GEOlino-EXTRA-Team**! Nele, Stefan, Annika, Nadine, Jan, Amin und Simone sichern Fotos, kämpfen für Geschichten und retten Layouts

HALLO!

SCHREIBT UNS!
Wie gefällt euch die neue Ausgabe? Wir freuen uns über Lob, Kritik und Anregungen – per Mail an: briefe@geolino.de

INHALT

ZU GRÖSSEREM BESTIMMT

Sie wollten nicht länger untätig zuschauen oder einfach nur einen guten Job machen: Welche Menschen zu Heldinnen und Helden werden, bestimmt oft der **Zufall**. Und manchmal gelingt es sogar Puppen. Seht selbst ...

—— Text: Nadine Uhe

GRETA THUNBERG

Die Weltretterin

Schulstreik für das Klima! Mit einem selbst gemalten Plakat setzt sich am 20. August 2018 ein 15-jähriges Mädchen vor das schwedische Parlament in Stockholm: Greta Thunberg. Ob sie wusste, was sie damit lostreten würde? Wohl kaum. Schon ein Jahr später machen Millionen Menschen in 185 Ländern bei ihrer Initiative **Fridays for Future** mit. Greta wird als Vertreterin der jungen Generation zu wichtigen Konferenzen eingeladen. Beim UN-Klimagipfel in New York entlarvt sie 2019 die Mächtigen der Welt mit einer **Rede**. „How dare you ...?", fragt sie darin eindringlich: „Wie könnt ihr es wagen, weiterhin wegzuschauen?" Für ihr Engagement bekommt Greta 2019 den alternativen Friedens-nobelpreis. Dabei findet die heute 19-Jährige: „Es sollte nicht um mich gehen."

Foto: Florian Boillot/Süddeutsche Zeitung Photo

auch Nachteile: Es ist niemand da, der ein **Foto** machen kann! Daher sehen wir Neil Armstrong nur als Spiegelung im Visier von Buzz Aldrin – während Neil ihn, die Nummer zwei, fotografiert

NEIL ARMSTRONG

Erster!

Am 21. Juli 1969 betritt um 3.56 Uhr Mitteleuropäischer Sommerzeit der erste Mensch den **Mond**. Mehr als 500 Millionen Zuschauerinnen und Zuschauer auf der ganzen Welt verfolgen vor den Fernsehern, wie der US-Amerikaner Neil Armstrong aus der Landefähre „Eagle" steigt und mit einem Sprung im Mondstaub landet. Sein Satz: „Ein kleiner Schritt für einen Menschen – aber ein gewaltiger Sprung für die Menschheit" schreibt **Geschichte**. 20 Minuten später steht auch sein Kollege Edwin „Buzz" Aldrin auf dem Mond (Foto). Der Dritte im Bunde, Michael Collins, hält die Stellung in der Raumkapsel „Columbia". Auch wenn Neil Armstrong der erste Mann auf dem Mond ist, ein Held wollte er nie sein – sondern einfach nur ein guter Ingenieur.

Auf der Flucht

Amal hat ihre Mutter verloren. Die Suche nach ihr führt das neunjährige **Flüchtlingsmädchen** 8000 Kilometer quer durch Europa, von der syrisch-türkischen Grenze bis nach Großbritannien. Doch Amal ist kein echtes Mädchen, sondern eine dreieinhalb Meter große **Puppe**. Als Hauptfigur des Kunstprojektes „The Walk" macht sie im vergangenen Jahr an über 140 Orten auf das Schicksal unbegleiteter Flüchtlingskinder aufmerksam. Amal spaziert durch Antwerpen (Foto), besucht Papst Franziskus in Rom und die Weltklimakonferenz in Glasgow. Nach Schätzungen der Vereinten Nationen sind derzeit 30 Millionen Kinder auf der Flucht vor Krieg und Gewalt. Amal erinnert an deren Durchhaltevermögen, Tapferkeit und Mut. Und sagt mit ihrer Reise: Vergesst uns nicht!

Alles für die Schimpansen

Als junge, unerfahrene Frau reist Jane Goodall vor über 60 Jahren nach Tansania, in den afrikanischen **Regenwald**. Dort findet die Engländerin heraus, dass die Menschenaffen uns ähnlicher sind als gedacht: Sie bauen Werkzeuge, küssen und streiten sich, führen sogar Kriege. Jane Goodalls Beobachtungen stellen alles auf den Kopf, was Forschende über Schimpansen zu wissen glaubten. Zunächst wird Jane Goodall deshalb belächelt, doch sie lässt sich nicht beirren. Das zahlt sich aus: Ihre Beobachtungen machen sie weltberühmt. Und schließlich erkennt auch die Wissenschaft ihre Leistung an. Heute gilt Jane Goodall als größte **Schimpansen-Forscherin** der Welt! Auch wenn die 87-Jährige längst nicht mehr im Regenwald unterwegs ist, als Naturschützerin engagiert sie sich noch immer – unermüdlich.

START-BLOCK

Die wichtigsten Fakten vorweg

HELDEN

— Text: Stefan Greschik

DEFINITION

Der Begriff „Held" leitet sich vom altgriechischen Wort *heros* ab, was so viel wie „Verteidiger" bedeutet. Eine Heldin oder ein Held war damals folglich jemand, der die Menschen vor Gefahren, Feinden oder Ungeheuern beschützt. Heute ist das deutlich komplizierter. Manche Wissenschaftlerinnen und Wissenschaftler kommen auf acht, andere auf zwölf Eigenschaften, die einen Helden ausmachen. Einig sind sich aber die meisten, dass Helden besondere Leistungen vollbringen – entweder körperlich oder geistig, indem sie zum Beispiel Mut und Hartnäckigkeit zeigen. Außerdem sind sie Vorbilder: Wenn andere Menschen ihre Geschichten hören, bewundern sie sie, wollen ihnen nacheifern und die Welt selbst ein bisschen besser machen.

GESCHICHTE

Heldenhafte Typen, die Abenteuer bestehen, gibt es schon in der Antike zuhauf. Der altgriechische Dichter Homer etwa beschreibt in der „Ilias" die Erlebnisse der Helden, die vor Troja kämpfen. Die Muskelprotze sind sich meist ähnlich: stark und mutig, und vor allem nobler Abstammung – in den griechischen Sagen tummeln sich Halbgötter und Adlige. Gewöhnliche Menschen sind den Dichtern kaum eine Zeile wert. So bleibt das noch im Mittelalter, wo oft die Abenteuer edler Ritter besungen werden. Erst viel später steigen normale Kämpfer zu Hauptfiguren auf: etwa im Zweiten Weltkrieg, als die gefallenen Soldaten von den Herrschenden als Helden gefeiert werden. Das ist natürlich eine Sauerei. Denn damit wollten zum Beispiel die Nazis das deutsche Volk zum Weiterkämpfen und Durchhalten anstacheln. Kein Wunder, dass Krieger danach hierzulande ziemlich aus der Mode kommen und sich die Menschen friedlichere Vorbilder suchen: etwa Pop-Stars, Feuerwehrleute oder Mutter Theresa – die katholische Ordensschwester, die in Indien Kranke versorgte. Oder Greta Thunberg, die sich dafür einsetzt, das Klima zu retten. Bei ihrem ersten Streik ist sie gerade einmal 15 Jahre alt. Zur Heldin werden – das könnte heute theoretisch jede.

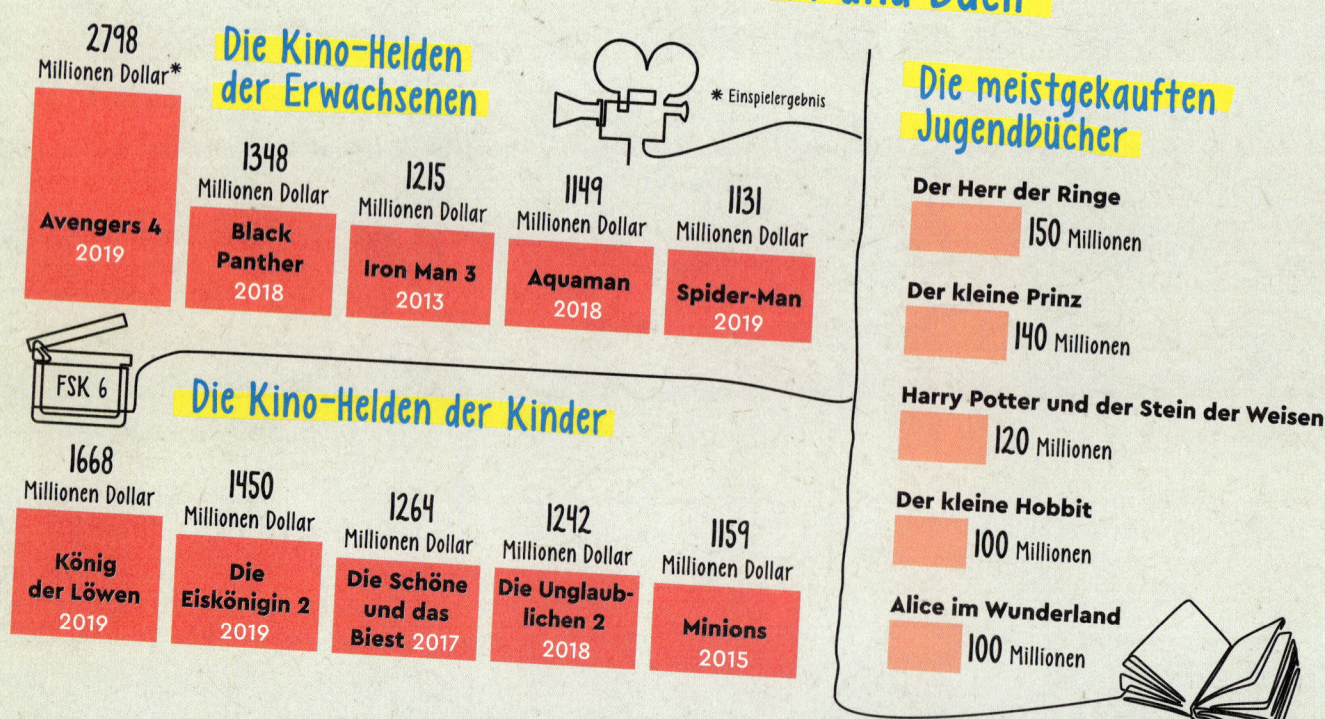

Erfolgreiche Helden in Film und Buch

Die Kino-Helden der Erwachsenen

* Einspielergebnis

2798 Millionen Dollar*
Avengers 4 2019

1348 Millionen Dollar
Black Panther 2018

1215 Millionen Dollar
Iron Man 3 2013

1149 Millionen Dollar
Aquaman 2018

1131 Millionen Dollar
Spider-Man 2019

FSK 6

Die Kino-Helden der Kinder

1668 Millionen Dollar
König der Löwen 2019

1450 Millionen Dollar
Die Eiskönigin 2 2019

1264 Millionen Dollar
Die Schöne und das Biest 2017

1242 Millionen Dollar
Die Unglaublichen 2 2018

1159 Millionen Dollar
Minions 2015

Die meistgekauften Jugendbücher

Der Herr der Ringe
150 Millionen

Der kleine Prinz
140 Millionen

Harry Potter und der Stein der Weisen
120 Millionen

Der kleine Hobbit
100 Millionen

Alice im Wunderland
100 Millionen

HELDEN-ARTEN

Sagen-helden

Gehören zu den ältesten Helden. Ihre Taten wurden oft von **Dichtern** erfunden und mündlich weitergegeben – wie im Fall von Odysseus.

Kämpfer

Versuchen, die Welt mit **Gewalt** zu verbessern, auch wenn sie dabei sterben können. Sie treten in Kriegen auf, aber auch als Untergrundkämpfer, die sich gegen Besatzer oder Diktatoren wehren.

Sport-helden

Erreichen große Erfolge im Sport und werden deshalb von Menschen bewundert. **Olympiasiegerinnen** und Fußball-Weltmeister zählen zu den bekanntesten.

Super-helden

Stammen aus **Comics** und kämpfen oft mit übermenschlichen Fähigkeiten gegen Schurken. Sehr beliebt sind derzeit Spider-Man, Hulk und die X-Men.

Buch-helden

Die Hauptfiguren in Büchern sind oft erfunden und müssen nicht unbedingt gut sein oder Großes vollbringen. **Greg** aus „Gregs Tagebuch" ist zum Beispiel auch ein Buchheld.

Politik-helden

Kämpfen mit friedlichen Mitteln gegen Probleme, so wie Mahatma Gandhi, der die **Unabhängigkeit** Indiens von den Briten erreichte, oder Greta Thunberg.

Idole

Sind durch die Medien bekannt und beliebt, etwa **Musiker**, Influencerinnen oder Stars aus Castingshows. Viele träumen davon, so zu sein wie ihre Idole, und ahmen ihren Kleidungsstil und ihr Verhalten nach.

Soziale Helden

Setzen sich für andere ein, auch wenn es anstrengend oder gefährlich ist. Dazu gehören **Feuerwehrleute**, Krankenschwestern oder Menschen, die ihre Angehörigen pflegen.

Anti-helden

Sind oft **Verlierertypen**, manchmal sogar Verbrecher. Trotzdem zittert man mit ihnen mit. Denkt nur an Figuren wie Bart Simpson, Don Quichotte oder Catgirl.

Alltags-helden

Reagieren sofort, wenn jemand im Alltag in eine gefährliche Situation gerät, etwa ein Kind ins **Wasser** fällt oder jemand in der U-Bahn angegriffen wird.

Pioniere

Wagen sich in Gebiete vor, die noch niemand vor ihnen betreten hat, wie die **Astronauten** der ersten Mondlandung. Oder Roald Amundsen, der als erster Mensch den Südpol erreichte.

Propaganda-helden

Werden oft in **Diktaturen** als Vorbild hingestellt, um die Bevölkerung bei Laune zu halten. Beispiele sind gefallene Soldaten, Erfinder oder im Sport besonders erfolgreiche Menschen.

HELDEN WELTWEIT

🟦 Sagenheld | 🟨 kämpfender Held | 🟥 Buchheld | 🟩 politischer Held | 🟧 Idol | 🟦 sozialer Held | 🟩 Antiheld | 🟫 Pionier

KANADA

Norman Bethune

Rettete als **Arzt** im Ersten und Zweiten Weltkrieg Leben. Wurde sogar in China zum „Vorbild für jeden Menschen" ernannt.

USA

Homer Simpson

Der **Antiheld** ist in allem schrecklich – als Vater und Nachbar, bei der Arbeit sowieso. Fans der Serie lieben ihn trotzdem.

KALIFORNIEN

Zorro

Kämpft mit dem **Degen** gegen die spanische Unterdrücker. Im Buch ist der Freiheitskämpfer so elegant wie mutig.

MEXIKO

Frida Kahlo

Trotz Kinderlähmung und einem schlimmen Unfall wurde sie zu einer berühmten **Malerin** – und zum Vorbild für Frauen.

KUBA

Che Guevara

Der **Revolutionär** vertrieb mit anderen 1959 den kubanischen Diktator Batista. Sein Mut machte ihn weltweit zum Idol.

LATEINAMERIKA

Simón Bolívar

Kämpfte zu Beginn des 19. Jahrhunderts für die Unabhängigkeit **Südamerikas**. In vielen Ländern noch heute ein Nationalheld.

SCHWEDEN

Pippi Langstrumpf

Fröhlich, frech und stark: In den **Geschichten** von Pippi Langstrumpf müssen Mädchen nicht brav sein. Kinder lieben sie deshalb.

IRLAND

Cú Chulainn

Streitet mit übermenschlicher Kraft für den König von Ulster. In der **Sage** wegen seines Aussehens von Frauen umschwärmt.

ENGLAND

König Artus

Am Hof des sagenumwobenen Herrschers von Britannien versammeln sich **Ritter** wie Lancelot und der Zauberer Merlin.

DEUTSCHLAND

Sophie Scholl

Kämpfte mit ihrem Bruder in der **Widerstandsgruppe** der Weißen Rose gegen die Nationalsozialisten – bis zu ihrem Tod.

FRANKREICH

Jeanne d'Arc

Kaum 17, besiegte sie im Hundertjährigen Krieg die **Briten**. Jeanne d'Arcs legendäre Heldentat kennt noch heute jeder Franzose.

SCHWEIZ

Wilhelm Tell

Der Sage nach schoss der **Freiheitskämpfer** seinem Sohn einen Apfel vom Kopf und löste einen Aufstand gegen den Herrscher aus.

Fotos und Illustrationen: imago (8); action press (2); interfoto; Shutterstock (4, Beiwerk); akg-images; mauritius images (3); artothek

Weltkarte

Map with numbered markers 1–20.

GRIECHENLAND — 13

Herakles

Der **Göttersohn** erledigt in den griechischen Sagen spielend zwölf schwere Aufgaben und kommt danach tragisch zu Tode.

ARABISCHE WELT — 14

Saladin

Der Sultan von Ägypten und Syrien kämpft gegen die christlichen **Kreuzfahrer**. In der islamischen Welt als gerechter Herrscher gerühmt.

NIGERIA — 15

Ken Saro-Wiwa

Setzte sich in seinem Heimatland für Menschenrechte und gegen **Umweltzerstörung** ein. Wurde dafür 1995 hingerichtet.

SÜDAFRIKA — 16

Nelson Mandela

Saß für seinen Kampf gegen die weißen Herrscher 27 Jahre im Gefängnis. Als **Präsident** später trotzdem versöhnlich.

INDIEN — 17

Mahatma Gandhi

Der **Unabhängigkeitskämpfer** erreichte 1947 die Befreiung Indiens von den britischen Besatzern – ganz ohne Gewalt.

CHINA — 18

Hua Mulan

Das Mädchen kämpft in einem chinesischen **Gedicht** in Männerkleidern statt seines Vaters. Später wird es zur Kinoheldin.

JAPAN — 19

Momotarō

Der Legende nach springt der **Pfirsichjunge** als Kind aus einer Frucht. Später beschützt er die Menschen in Japan vor Ungeheuern.

AUSTRALIEN — 20

Matthew Flinders

Der britische **Forscher** umrundete mit seinem Schiff als Erster Australien und gab dem Kontinent seinen Namen.

Die Sage von
ODYSSEUS

In den Sagen der alten Griechen wimmelt es von tragischen Helden, die gegen Ungeheuer, das Schicksal und die Launen der Götter kämpfen. Einer der berühmtesten ist der schlaue Odysseus, der auf eine **Irrfahrt** über das Mittelmeer geschickt wird, aber listig aus jeder Gefahr entkommt…

Text: Stefan Greschik —— Illustration: Sascha Wüstefeld

PENELOPE:
Gattin des Odysseus. Wartet sehnsüchtig, von vielen Verehrern bedrängt

POLYPHEM:
Einäugiger Riese, lebt mit seinen Widdern und Ziegen in einer Höhle. Hat Griechen zum Fressen gern

TELEMACHOS:
Odysseus' Sohn. Hilft seinem Vater bei der Rache

ODYSSEUS:
König von Ithaka. Hat Abenteuer satt. Will nach Hause zu Frau und Kind

Zehn Jahre lang versuchen griechische Sagenhelden, Troja zu erobern – vergeblich. Sie können die Stadtmauer der Feinde einfach nicht überwinden. Doch dann, so lautet der Mythos, kommt Odysseus auf eine List: „Wir schenken den Trojanern ein Holzpferd, in dessen Bauch sich Soldaten verstecken!" Gesagt, getan: Die Stadt wird dem Erdboden gleichgemacht 1. So schnell wie möglich

TROJA

PELOPONNES

MITTELMEER

KIRKE:
Schöne Zauberin,
die Besucher
gern in Schweine
verwandelt

will Odysseus nun auf sein Schiff steigen und nach Hause zurückkehren, in das Königreich Ithaka. Denn dort bedrängen Freier seine Frau Penelope und machen ihr den Hof. Noch dazu schlachten sie alle Rinder und essen sie auf. Doch die Götter sind sauer auf Odysseus. Als er und seine Männer schon fast in Ithaka sind, schickt Obergott Zeus einen Sturm, der Odysseus Schiff über das Meer treibt **2**.

Sie landen im Land des fiesen einäugigen Riesen Polyphem. Gleich zur Begrüßung verputzt er ein paar Griechen, den Rest sperrt er in seiner Höhle ein und rollt einen großen Stein davor. Mampf! Knurps! Jeden Tag schlägt sich der Grobian nun den Bauch mit Griechen voll – bis es Odysseus reicht! Er macht Polyphem betrunken und sticht ihm im Schlaf das Auge aus. Als der Riese am Morgen den Stein vor der Höhle wegrollt und seine Widder und Ziegen herauslässt, binden sich die Männer an deren Bäuche und entkommen unbemerkt **3**. ▶

Puh, das ist ja noch mal gut gegangen, denkt man. Allerdings muss Odysseus Polyphem unbedingt noch von seinem Schiff aus ärgern, lange Nase und so, was ein bisschen kindisch und bei Zyklopen meist eine echt schlechte Idee ist. Prompt schleudert ihm der zornige Riese einen Felsbrocken hinterher, der das Schiff fast versenkt. Und er betet zu seinem Vater, dem Meeresgott Poseidon, dass er Odysseus bestrafe. Nun hat der Held einen Feind mehr, der ihn und die Seinen weiter über das Mittelmeer pustet.

So gelangen die Männer auf die Insel der Zauberin Kirke, die alle in Schweine verwandelt ④. Zum Glück bekommt Odysseus von dem befreundeten Gott Hermes einen Zaubertrank zugesteckt, der ihn vor der Schweinerei schützt. Kirke ist davon so beeindruckt, dass sie den Zauber rückgängig macht.

Danach holt sich Odysseus bei dem toten Seher Teiresias in der Unterwelt Tipps für die

Reise **5** – und weiter geht es: an der Insel der Sirenen vorbei, die Männer mit ihrem Gesang anlocken. Um nicht auf sie hereinzufallen, lässt Odysseus sich an den Mast binden **6**, die Mannschaft verstopft sich die Ohren mit Wachs. Vorbei auch an Skylla, einem Meeresstrudel, der Schiffe an Felsen zerschellen lässt **7**. Und an Charybdis, einem fiesen Seeungeheuer, das gegenüber von Skylla wartet und sich viele Männer schnappt. Ein paar Stürme später kommt Odysseus allein in Ithaka an. Als Bettler verkleidet, betritt er seinen Hof. Und nun beginnt die Zeit der Rache: Gemeinsam mit seinem Sohn Telemachos metzelt der Held alle Freier nieder **8**. Ein echtes Happy End also! In griechischen Sagen ist das selten. ■

Hier kommt Superwal!

EINSATZ FÜR DEN ROBBEN-RETTER

Ein Seelöwe in Not? Ein Delfin in Gefahr?
Sie sind sofort zur Stelle: **Buckelwale**.
Aus dem Nichts tauchen sie auf,
um andere Meeressäuger gegen Orcas
zu verteidigen, die wohl größten
Schurken der Meere ...

— Text: Sara Mously

Der Angriff kommt aus dem Nichts. Gerade noch lümmelte die Weddellrobbe auf einer Eisscholle, mitten im Südpolarmeer, jetzt schwimmt sie um ihr Leben. Eine Gruppe Orcas hat sie von der Scholle ins Wasser geschubst, dort wollen die Jäger die Beute mit ihren spitzen Zähnen zerteilen. Für die Robbe gibt es scheinbar kein Entrinnen mehr. Doch plötzlich – swoosh! – tauchen zwei Buckelwale auf, buchstäblich in letzter Sekunde! Einer der Riesen dreht sich auf den Rücken, hebt die Robbe dabei zwischen den Flossen auf seine Brust und damit außer Reichweite der Orcas.

Die Rollen sind in diesem Fall klar verteilt. Auf der einen Seite: Orcas, als Schurken berühmt, für ihre trickreichen Jagdmethoden berüchtigt. „Killerwale" werden sie darum auch genannt. Wer ihnen ins Visier gerät, ist so gut wie tot und gefressen. Wären da nicht, auf der anderen Seite: Buckelwale, die Retter der Meere, Verteidiger der Schwachen und Bedrohten! Immer wieder tauchen sie auf, um Orcas zu vertreiben und deren Beute – vor allem Robben, Seelöwen und Delfine, aber auch Kälber von Walen – zu beschützen.

Wie es sich für echte Superhelden gehört, führen auch sie ein Doppelleben. Eigentlich dümpeln Buckelwale friedlich durch die Ozeane und fallen höchstens durch ihre vielseitigen Gesänge auf. Aber geht es um Orcas, hört der Spaß auf – und sie werden zum Superwal, der es locker mit den hungrigen Jägern aufnimmt.

Beobachtet wurde das zum Beispiel auch in der Monterey Bay, im Pazifik vor der kalifornischen Küste. Orcas hatten dort eine Grauwalmutter und deren Kalb angegriffen. Das Kleine erlag den Attacken. Trotzdem eilten immer mehr Buckelwale herbei – insgesamt 16 Tiere! Über sechs Stunden brüllten sie, schlugen mit ihren Flossen aufs Wasser und hielten die Orcas davon ab, das tote Kalb zu fressen. Bis diese entnervt und hungrig verschwanden.

Neben einer Extraportion Mut verfügen Buckelwale auch über ein Supergehör, wie Superman. Aus bis zu drei Kilometer Entfernung können sie die Geräusche angreifender Orcas er-

kennen. Für sie offensichtlich das Signal: auf zum Einsatz! Damit sind Buckelwale die einzigen Wale, die nicht nur ihre Artgenossen beschützen, sondern auch andere Meeresbewohner. Zwar haben sie von Orcas nichts zu befürchten – einen Killerwal könnten sie ganz nach Superheldenart mit einem einzigen Schlag ihrer tonnenschweren Flosse erledigen. Trotzdem zehren die Einsätze an den Kräften. Warum also rücken sie immer wieder aus?

Manche Forschende vermuten, dass die Buckelwale Mitgefühl empfinden mit den gejagten Tieren, genau wie wir Menschen. Andere sind der Meinung, dass die Wale zu Orca-Jägern werden, weil sie selbst früher als Kalb von einem Killerwal attackiert wurden. Das könnte sie so sehr traumatisiert haben, dass sie die alten Feinde für den Rest ihres Lebens bekämpfen.

Der Meeresforscher Robert Pitman beobachtete 2009 die filmreife Robben-Rettung im Südpolarmeer. Er glaubt, so ein Verhalten sei Buckelwalen angeboren: Um ihre eigenen Jungen zu beschützen, wurden ihre Gehirne im Laufe der Jahrtausende auf Killerwal-Abwehr programmiert. Sobald die Wale deren Angriffsgeräusche hören, spulen sie automatisch ihr Anti-Orca-Programm ab. Dass sie dabei oft auch anderen Tieren helfen, wäre also einfach ein netter Nebeneffekt. ∎

Wal-Helfer: Mehr als 100-mal wurde bereits beobachtet, wie Buckelwale **Robben** und andere Meeresbewohner vor Orcas beschützen

DIE FANTASTI

Diese jungen Menschen packen es an! Sie setzen sich für die
und machen die Welt damit ein kleines bisschen besser.

—— Text: Annika Sartor und Nadine Uhe

**WILL WALDBRÄNDE
VERHINDERN**

RESHMA, 15

AUSGEZEICHNETER EINSATZ

Als Reshma vor einigen Jahren mit ihrer Familie nach Saratoga im US-Bundesstaat Kalifornien zieht, bekommt sie erstmals die Folgen eines Waldbrandes zu spüren. „Obwohl das Feuer mehr als 320 Kilometer weit weg wütete, mussten wir über Wochen wegen des Rauchs und der Asche Masken tragen." Die heute 15-Jährige überlegt: Was braucht es, um Waldbrände künftig zu verhindern? Sie beginnt im Internet zu recherchieren und hat schließlich eine zündende Idee: Mit Künstlicher Intelligenz (kurz: KI) will sie gegen Waldbrände vorgehen. „Das war für mich neu, aber mit Programmieren hatte ich schon ein wenig Erfahrung", sagt Reshma. KI nutzt Programme, die es einem Computer ermöglichen, automatisiert Informationen zu sammeln, auszuwerten und dadurch eigenständig Lösungen für Aufgaben zu finden. Ihre KI „füttert"

Reshma mit meteorologischen Daten wie Temperatur, Boden- und Luftfeuchtigkeit und Windgeschwindigkeit. Auf dieser Grundlage kann die KI heute mit 90-prozentiger Wahrscheinlichkeit voraussagen, ob es in einem bestimmten Gebiet einen Waldbrand geben wird oder nicht. „Durch meine automatisierte Vorhersage sind die Menschen vor Ort schneller über die drohende Gefahr informiert, und die Feuerwehren können sich besser vorbereiten." Ihr Projekt gewinnt im November 2021 den „Children's Climate Prize", den „Kinder-Klima-Preis", der seit sechs Jahren im schwedischen Stockholm verliehen wird. Neben einer Medaille und einer Urkunde erhält Reshma auch ein Preisgeld von umgerechnet knapp 10 000 Euro. Damit möchte sie nun eine App entwickeln, die alle auf dem Smartphone nutzen können – idealerweise weltweit. (nu)

24

Umwelt, ihre **Mitmenschen** oder bedrohte Tiere ein –
Was wir heldenhaft finden, ist für sie ganz normal …

TIERSCHÜTZER MIT KREATIVEN IDEEN

HUNTER, 14

SETZT SICH FÜR DEN SCHUTZ VON NASHÖRNERN EIN

Hunters Mission beginnt vor sechs Jahren, am Silvesterabend: Der damals achtjährige Junge aus Somerset West in Südafrika spielt am Handy seiner Mutter. Auf einer Facebook-Seite entdeckt er einen Bericht über ein verlassenes Nashornbaby im südafrikanischen Busch. „Mir war sofort klar: Dem möchte ich helfen!" Hunter bittet Bekannte und Verwandte um Unterstützung, spendet das Geld, das er zu Weihnachten bekommen hat, und überredet seine Mutter, eine Facebook-Seite einrichten zu dürfen: raisethebabyrhino.com. Seitdem lässt Hunter nicht locker. Bis heute hat er 500 000 Südafrikanische Rand, umgerechnet knapp 28 000 Euro, für die bedrohten Tiere gesammelt. Über Facebook und Instagram oder in Vorträgen an Schulen informiert er darüber, wie Wilderer und der Klimawandel das Leben der Nashörner bedrohen. Wenn er Zeit hat, unterstützt Hunter zudem Wildhüterinnen und Wildhüter tatkräftig bei der Arbeit. Doch damit nicht genug: Der 14-Jährige entwirft Produkte, die auf die ernste Lage der Tiere aufmerksam machen sollen – Nashornsocken, Armbänder und, als die Corona-Pandemie beginnt, bedruckte Masken. Für sein Engagement bekommt er im Sommer 2021 einen angesehenen Preis verliehen; in einem Kinderbuch wird von seinen Taten berichtet. Doch als Held sieht Hunter sich nicht. „Ich bemühe mich, die Welt etwas besser zu machen", sagt er bescheiden. „Statt von wenigen Personen große Veränderungen zu erwarten, hilft es viel mehr, wenn wir alle ein kleines bisschen mit anpacken." (nu) ▶

Fotos: Hugo Stenson/Children's Climate Prize (l.); Koko Productions & Photography (r.); Illustrationen: Shutterstock

HAT EINE
FRAU VOR DEM
ERTRINKEN BEWAHRT

COLIN, 13

DER LEBENSRETTER

„Diesen Urlaub werde ich so schnell nicht vergessen", sagt Colin. Er meint seine Sommerferien im Jahr 2020 in Dahme an der Ostsee. Der damals Elfjährige verbringt jeden Tag am Strand. „Einmal war nicht so schönes Wetter, aber ich bin trotzdem ins Wasser gegangen", erinnert er sich. Doch er befindet sich nicht allein im Meer: Als er etwa 20 Meter vom Ufer entfernt ist, hört er einen leisen Hilfeschrei und entdeckt eine ältere Frau. „Sie ist immer wieder unter Wasser geraten", erzählt Colin. Heute weiß er, dass eine starke Strömung der 70-Jährigen wortwörtlich den Boden unter den Füßen weggezogen hat. Als er die Notlage erkennt, schwimmt er sofort los: „Ich habe sie festgehalten, bin mit ihr ans Ufer geschwommen und habe ihren Kopf hochgehalten, sodass sie Luft bekommt", sagt er. Er hat zwar das Schwimmabzeichen in Gold – „trotzdem wusste ich in der Situation nicht genau, was ich tun sollte. Ich habe einfach nur gemacht." Am Strand eilen Rettungskräfte herbei und nehmen die Frau mit, um sie zu untersuchen. Colin zittert und muss sich erst mal von dem Schreck erholen. Als er am nächsten Tag an derselben Stelle am Strand sitzt, kommt die Frau vom Vortag auf ihn zu – wohlbehalten und sprachlos über Colins mutigen Einsatz: „Sie wusste gar nicht, was sie sagen soll, und hat sich einfach immer wieder bei mir bedankt." Zurück zu Hause im nordrhein-westfälischen Enger bekommt Colin sogar nachträglich einen Lebensretter-Preis verliehen. Die Auszeichnung steht noch heute auf seinem Schreibtisch, als Andenken an seine Heldentat und den wohl aufregendsten Urlaub seines Lebens. (asa)

AÏSSATOU, 14

MÄDCHEN HABEN RECHTE!

Auch wenn es das Gesetz verbietet: 51 Prozent aller Frauen im westafrikanischen Land Guinea heiraten vor ihrem 18. Geburtstag. Viele tun es nicht freiwillig. Aber die Eltern bekommen oft Geld, wenn sie ihre minderjährige Tochter an einen älteren Ehemann geben. Aïssatou hat selbst gesehen, was solche Zwangsehen für Mädchen bedeuten: „Als ich im sechsten Schuljahr war, wurde eine 15-Jährige in meiner Klasse verheiratet. Sie wurde schwanger und konnte das Schuljahr nicht beenden", erzählt die heute 14-Jährige. Mädchen, die zur Ehe gezwungen werden und früh Kinder bekommen, müssen oft nicht nur ihre Schulbildung abbrechen – sondern auch auf ein selbstbestimmtes Leben verzichten! Sie sind stattdessen abhängig von ihrem Mann. Aus Untersuchungen etwa von der Kinderhilfsorganisation Unicef weiß man außerdem, dass vor allem junge Ehefrauen von ihren Ehemännern beleidigt, gedemütigt oder gar geschlagen werden. „Ich habe mich gefragt: Was kann man tun, um Mädchen wie meiner Mitschülerin zu helfen?", sagt Aïssatou. Inzwischen führt sie in ihrer Heimatstadt Conakry einen Club für Mädchenrechte an. Gemeinsam sprechen sie auf Märkten mit den Menschen oder verschaffen sich bei Politikerinnen und Politikern Gehör, damit diese etwas unternehmen. „Wenn wir von einer Heirat mit einer Minderjährigen erfahren, zeigen wir den Ehemann und die Eltern des Mädchens an", erzählt Aïssatou. Anschließend berät sie alle Beteiligten, wie man die Ehe wieder aufheben kann – oft mit Erfolg: Mehr als 30 verheiratete Mädchen hat sie schon aus der Zwangsehe befreit. (asa) ▶

KÄMPFT GEGEN KINDEREHEN

FOTOS: ANDREAS L.OSTANZO/Auf einen Blick i.j; morgen gehört uns; neue visionen i.j; Illustrationen: Shutterstock

ARTHUR, 12

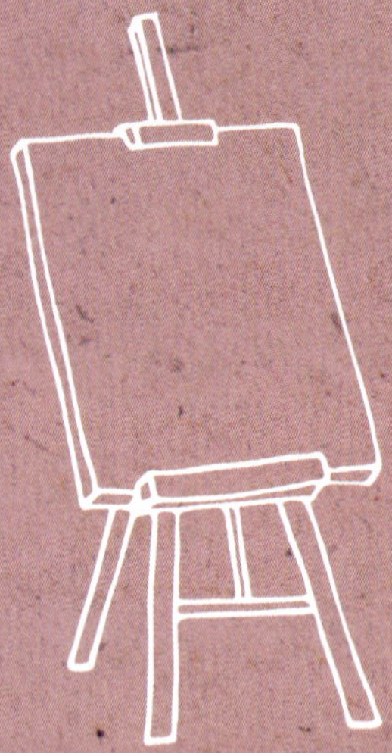

HILFT OBDACHLOSEN MENSCHEN

GUTE WERKE

Er kennt ihre Gesichter, ihre Namen, ihre Geschichten – und vermutlich wissen alle obdachlosen Menschen in der nordfranzösischen Stadt Cambrai, wer Arthur ist. Der Zwölfjährige hat es sich zur Aufgabe gemacht, den Männern und Frauen zu helfen, die auf der Straße leben. Warum? „Weil es unmenschlich ist, sie zu ignorieren", sagt er. Mit drei Jahren wird er das erste Mal auf einen Bettler am Wegesrand aufmerksam und fragt seine Eltern, was der Mann da macht. Er erfährt, dass manche Menschen kein eigenes Dach über dem Kopf haben, und beschließt, sich für sie einzusetzen. Um Geld für die Bedürftigen zu sammeln, malt Arthur Bilder. „Am Anfang habe ich sie an Freunde und in der Familie verkauft", erzählt er. Schon bald spricht sich sein Einsatz herum. Arthur bepinselt die Leinwände nicht mehr im Kinderzimmer, sondern bekommt zu Hause ein eigenes Atelier. Er zeigt seine Kunstwerke auf Ausstellungen und verkauft sie über das Internet. Feste Preise gibt es nicht. „Die Leute bezahlen, was sie möchten." Das läuft „nicht schlecht", sagt Arthur bescheiden und schätzt: „So um die 500 Bilder habe ich schon verkauft." Mit den Einnahmen kauft Arthur einmal in der Woche Essen oder Kleidung, verteilt beides an Obdachlose und unterhält sich mit ihnen. „Die meisten freuen sich sehr, das ist ein schönes Gefühl", sagt er, „sie sind für mich ein bisschen wie Freunde." Für die Zukunft plant er ein weiteres Projekt: Er will sich mit anderen Helfenden zusammenschließen und ein Dorf für obdachlose Menschen gründen. „Dort könnte man Wohnwagen und Zelte aufstellen. Die Bewohner können sich um das Gelände kümmern, Besuchern das Projekt vorstellen und dadurch vielleicht sogar ein bisschen Geld verdienen", erklärt er. (asa) ∎

ab 7 Jahren

Für Rätselfans: Die neuen GEOLINO Rätselkrimis

Die neue Buchreihe für alle, die gerne ermitteln und recherchieren, startet mit den ersten zwei Bänden: „Der gestohlene Streifenkiwi" und „Die Oldtimerjagd im Technikmuseum".
Die DKHF, Detektei für knifflige und hoffnungslose Fälle, braucht deine Hilfe. Löse die spannenden Rätsel, um die Fälle aufzuklären. Vor dir liegt ein aufregendes Abenteuer mit versteckten Hinweisen, Geheimschriften und Labyrinthen.

Preise: 12,00 € (D) / 12,40 € (A) / Fr. 17,90 (CH)

Wow!

Neu!

GEOLINO Experimentierkasten „Wetterstation"

Mit diesem Set verwandelt sich eine leere Flasche in eine kleine Wetterstation. Damit beobachtest du nicht nur die Temperatur, sondern misst auch die Niederschlagsmenge und die Windgeschwindigkeit sowie -richtung. Und mittels Erde und ein paar Samen wird die Flasche zusätzlich zu einem kleinen Gewächshaus.

Preise: 14,95 € (D/A) / Fr. 16,95 (CH)

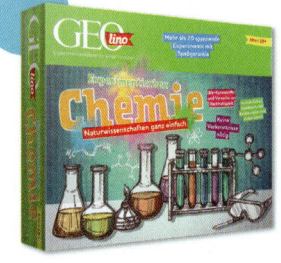

GEOLINO Experimentierkasten „Chemie"

Es blubbert, schäumt und reagiert! Mit dieser Experimentierbox wirst du zum echten Chemie-Forscher. Verblüffende Experimente lassen Cola erblassen oder mysteriöse Gruselwolken entstehen. Spannende Versuche zur Nachhaltigkeit machen dich fit für die Zukunft!

Preise: 49,95 € (D/A) / Fr. 59,95 (CH)

GEOLINO Wissensbox

In spannenden Sach-Hörspielen führt Wissensexperte Wigald Boning durch die beliebtesten Themen. Gemeinsam machen wir eine Zeitreise in die Vergangenheit, erforschen das Leben der Menschen sowie Geheimnisse der Erde und entdecken Unerwartetes aus der Tierwelt. Locker, witzig und auch mal ernst, wird das Wissen immer so vermittelt, dass Kinder und Erwachsene Spaß haben zuzuhören und Neues zu lernen.

Preise: 25,00 € (D/A) / Fr. 27,50 (CH)

ab 5 Jahren

GEOLINO MINI Hörspiele

Ralph Caspers führt uns durch die kunterbunten Geschichten und erlebt gemeinsam mit seinen Insekten-Freunden Grashüpfer Georg, Mistkäfer Mo und Libelle Belle lehrreiche Abenteuer. Zusammen erfahren wir alles rund um die Themen Feuerwehr, Pferde und Ponys, Ritter und Burgen, Sterne und Planeten. Im Doppelpack zum Vorteilspreis.

Preise im Bundle
je 16,99 € (D/A) / Fr. 19,99 (CH)

Neu!

Jetzt bestellen unter www.geoshop.de/kinder2022
(Bitte geben Sie immer den Aktionscode an: G00181)

VOLLE KRAFT VORAUS!

Na gut – vielleicht geht ihr nicht gleich die Wände hoch wie Spider-Man. Und abheben wie Batman werdet ihr auch nicht (sofort). Wir garantieren jedoch: Diese köstlichen **Energiekugeln** bringen euch richtig voran! Sie sind perfekt zum »Aufladen« vor dem Sport oder in der großen Pause

Hulks
Hochleistungs-
bälle

Spider-Mans
Schwung-
hilfe

Batmans
Bananen-
Batterien

BATMANS BANANEN-BATTERIEN

Eine ruhige Kugel schiebt Batman selten. Der Fledermausmann muss schließlich ständig das Böse bekämpfen – und das macht er ganz ohne Waffen. Sein **Joker**, vermutlich: Er nascht die Energie ganz einfach in sich hinein

Zubereitungszeit: 15 Minuten

Schwierigkeitsgrad:

ZUTATEN:

1 reife Banane • 100 g Haferflocken • 50 g gemahlene Haselnüsse • 30 g gemahlene Mandeln • 1 EL Milch • 2 EL Honig oder Agavendicksaft • etwas Zimt • 30 g Kokosraspeln

GERÄTE:

Waage • Schüssel • Gabel • Esslöffel

1 Zerdrückt die **Banane** mit der Gabel in einer Schüssel. Fügt bis auf die Kokosraspeln nach und nach alle Zutaten hinzu und verknetet das Ganze zu einem festen „Teig".

2 Rollt daraus in den Händen pralinengroße Kugeln. Gebt die **Kokosraspeln** in die Schüssel und wälzt die Pralinen darin.

Zwei weitere Rezepte findet ihr auf den kommenden Seiten

HULKS HOCHLEISTUNGSBÄLLE

Nee, nee, nee. Den Ball hält er bestimmt nicht flach. Schließlich verwandelt sich der Physiker Dr. Bruce Banner bei jedem noch so kleinen Anflug von Wut in den grünen Kraftprotz Hulk. Der Geschichte nach ist ein Laborunfall schuld daran. Oder zieht der Koloss seine Stärke doch ... aus diesen **Erdnusskugeln**?

Zubereitungszeit: 15 Minuten

Schwierigkeitsgrad:

ZUTATEN:

80 g Erdnussbutter • 100 g Haferflocken • 50 g Kokosraspeln • 2 EL Agavendicksaft • 1 Päckchen Vanillezucker • etwas Milch zum »Verkleben« • 30 g gemahlene Haselnüsse oder Haferflocken (zum Wälzen)

GERÄTE:

Waage • Schüssel • Ess- und Teelöffel

1 Mischt alle Zutaten miteinander, bis auf die gemahlenen Haselnüsse. Lasst auch die Milch zunächst weg. Ist die **Masse** zu krümelig, fügt ihr teelöffelweise ein wenig Milch hinzu.

2 Formt Pralinen daraus und wälzt sie in den Haferflocken oder den gemahlenen **Haselnüssen**.

SPIDER-MANS SCHWUNGHILFE

Superheld hin oder her, es dürfte ziemlich anstrengend sein, sich an Spinnweben von Haus zu Haus zu schwingen. Klar, dass auch Spider-Man manchmal Energie auftanken muss. Ob er dafür diese **Aprikose-Vanille-Kugeln** nutzt, wissen wir nicht. Aber wir würden sie ihm empfehlen

 Zubereitungszeit: 15 Minuten    Schwierigkeitsgrad:

ZUTATEN:

75 g getrocknete Aprikosen • 50 g Haferflocken • 1 Päckchen Vanillezucker • 50 g gemahlene Mandeln • 2 EL Honig • 30 g gehackte Mandeln

GERÄTE:

Waage • Schneidebrett • Messer • Schüssel • Esslöffel

1 Schneidet die **Aprikosen** in kleine Stücke. Mischt sie in einer Schüssel mit den Haferflocken, dem Vanillezucker und den gemahlenen Mandeln. Gebt den Honig dazu und vermischt alles gründlich.

2 Rollt Kugeln aus der Masse. Wälzt sie anschließend in den gehackten **Mandeln**; drückt diese etwas fest.

INFO:

Je nachdem, wie groß ihr die Kugeln formt, ergibt die Masse jeweils zwischen zehn und 15 Kugeln. Stellt sie nach der Zubereitung für eine halbe Stunde in den Kühlschrank, damit sie etwas fester werden. Aber dann ... Schnell vernaschen und volle Kraft voraus!

Brauchen wir

Zwei von drei Menschen sagen, dass sie jemanden verehren:
die unerschrocken ist oder Herausragendes
Aber brauchen wir die überhaupt? Wir nennen euch

SCHULSTREIK FÜRS KLIMA

Greta Thunberg

DAFÜR

Helden treiben uns an

Helden und Heldinnen machen uns Mut! Schließlich waren auch sie irgendwann einmal ganz normale Menschen. Doch sie haben sich weiterentwickelt und sind über sich hinausgewachsen. Es ist auch nicht schlimm, wenn sie einige Schwächen haben. Das macht sie umso menschlicher, und wir können uns leichter mit ihnen identifizieren. Helden und Heldinnen zeigen uns „Normalos" also, was wir ebenfalls erreichen könnten, wenn wir uns nur aufraffen! Wir alle sind soziale Wesen: Fast all unser Verhalten haben wir von anderen gelernt und uns abgeguckt. Deshalb sind Vorbilder gerade für junge Menschen so wichtig. Studien zeigen, dass wir rund um den 20. Geburtstag am stärksten an unseren Heldinnen und Helden hängen.

Dass wir zu anderen aufsehen wollen, ist tief in uns verankert. Und Helden und Heldinnen gelingt es tatsächlich, das Gute in der Welt zu vermehren, glauben viele Fachleute. Studien zeigen zum Beispiel, was passiert, wenn jemand in einer ungerechten oder gefährlichen Situation aufsteht und einem anderen hilft: Die Person beeinflusst damit häufig andere Zuschauende und bringt sie dazu, ebenfalls mutig einzuschreiten. Das ist ein positiver „Domino-Effekt". Denkt nur an die schwedische Schülerin Greta Thunberg, die mit ihren Klimaprotesten eine weltweite Bewegung ausgelöst hat!

Wer trotzdem behauptet, dass wir auf Heldentum verzichten können, macht sich etwas vor: Er tut so, als würde er in einer fröhlichen, heilen Welt leben – und leugnet alle Probleme und Missstände. Doch die gibt es nun mal ... und deshalb brauchen wir Heldinnen und Helden!

Helden?

eine Person, die für ihre Sache brennt,

eistet – also einen Helden oder eine Heldin.

Argumente dafür und dagegen

DAGEGEN

Helden sind schlechte Vorbilder

Helden und Heldinnen können uns entmutigen und bequem werden lassen. „So viel wie die bekomme ich doch sowieso nicht hin!", sagen sich wohl viele Menschen und verkriechen sich auf ihr Sofa, statt selbst etwas zu wagen. Sollen sich doch die Überflieger um alle Probleme kümmern! Dabei eignen sich die meisten Heldinnen und Helden überhaupt nicht als leuchtende Vorbilder, wenn man sie genauer unter die Lupe nimmt. Der griechische Muskelprotz Herakles beispielsweise war so jähzornig, dass er als Junge seinen Musiklehrer mit einer Leier erschlug. Und Superhelden wie Spider-Man und Batman brechen ungerührt Gesetze oder zerstören ganze Stadtviertel, während sie Bösewichten nachjagen. Statt auf Verhandlungen oder Kompromisse setzen sie häufig auf Gewalt.

Nicht nur das Heldentum in Mythen, Comics und Filmen ist fragwürdig – sondern auch im wahren Leben. Bewunderte Extremsportler und Abenteuerinnen zum Beispiel gehen oft unvernünftige Risiken ein und bezahlen ihre Taten bisweilen sogar mit ihrem Leben. Sollten wir solchen Personen ernsthaft nacheifern?

Andere Heldinnen und Helden stehen ganz allein im Rampenlicht, obwohl ihr Erfolg nur durch einen riesigen Hilfstrupp möglich wurde. Bestes Beispiel: Astronauten und Astronautinnen, deren Weltraumreisen von zahllosen Fachleuten vorbereitet werden!

Man kann es sogar kritisieren, wenn Menschen sich für andere aufopfern, zum Beispiel in Krankenhäusern oder Pflegeheimen. Durch ihren selbstlosen Einsatz sorgen sie dafür, dass alles immer weiterläuft, selbst wenn das Personal knapp ist. Dabei wäre es doch wichtig, dass die Verantwortlichen umdenken und endlich mehr helfende Hände einstellen. „Heldenhaft" arbeiten bis zum Umfallen – davon hat letztlich niemand etwas!

Geschlaucht: Das Wasser hat so viel **Wucht**, dass die Männer das Rohr stets zu zweit festhalten müssen – manchmal für mehrere Stunden. Wer zur Berufsfeuerwehr will, muss deshalb vor der Ausbildung einen Fitnesstest bestehen

ABGELÖSCHT

Feuerwehr-Training in Rotterdam

Vom Himmel fallen Helden nur in Comics. Im wahren Leben müssen sie hart für ihre Einsätze trainieren – wie dieses Team der **Berufsfeuerwehr** Bottrop. Wir waren dabei, wie es im niederländischen Rotterdam auf einem Übungsgelände den Ernstfall probt

Text: Simone Müller ——
Fotos: Michael Koch

Feuer ist heiß. Feuer ist hell. Und Feuer ist – laut! Unglaublich laut. Es kann dröhnen, brausen, fauchen. An diesem Vormittag grollt es. Rasend schnell frisst es sich durch die Benzinlache. Drei, vier Meter schießen die Flammen in die Höhe. Trotzdem marschiert Sebastian Deppe darauf zu, den Feuerlöscher in den Händen. 15 Sekunden braucht er, dann ist sein Pulver verschossen – und das Feuer darunter erstickt. Endlich Ruhe! „Fast wäre ich gegangen, es wurde mir zu heiß", scherzt einer seiner Kollegen.

Die elf Männer der Berufsfeuerwehr aus dem nordrhein-westfälischen Bottrop haben gut lachen. Wie Hauptbrandmeister Sebastian Deppe sind viele von ihnen seit mindestens zehn Jahren im Einsatz.

Solch ein „kleines" Feuer, wie Sebastian Deppe es gelöscht hat, versetzt keinen von ihnen in Panik. Erst recht nicht, wenn es sich bloß um eine Übung handelt wie gerade. Hier, im Feuerwehr-Trainingszentrum im niederländischen Rotterdam, proben die Männer den Ernstfall. An 350 Stellen kann auf Knopfdruck Feuer ausbrechen, es sind maßgeschneiderte Katastrophen. Da gibt es eine angekokelte Ölplattform mit einem Helikopterwrack darauf, ausgebrannte Autos und Züge. Doch Sebastian Deppe und seine Kollegen fangen erst einmal klein an.

Zwei Tage dauert der Kurs „Industrielle Brandbekämpfung", den das Team belegt hat. Welches Feuer bekämpfe ich mit Schaum? Welches mit Pulver? Das alles ▶

sollen die Männer lernen, schließlich liegt Bottrop mitten im Ruhrgebiet, zwischen Lagerhallen und Chemiefabriken. Nicht auszudenken, wenn dort ein Feuer außer Kontrolle geriete!

Rund 180 Männer und Frauen zählt die Berufsfeuerwehr der Stadt. 53-mal am Tag rückt sie im Durchschnitt aus. Gut 48 dieser Einsätze fahren die Teams allerdings mit dem Rettungswagen, um Menschen nach einem Kreislaufkollaps oder Herzinfarkt in die Klinik zu bringen. Außerdem leisten sie „technische Hilfe": Bei Unfällen auf der Autobahn schneiden sie eingeklemmte Personen mit riesigen Blechscheren aus dem Auto. Und strömt im Freibad Chlorgas aus einem lecken Behälter, rücken sie in Chemikalienschutzanzügen an.

Zu Brandeinsätzen dagegen wird die Feuerwehr nur rund 400-mal im Jahr gerufen, also etwa ein- bis zweimal am Tag. Oft löscht sie dann kleinere Feuer: ein brennendes Klohäuschen auf der Baustelle, einen Brand in der Küche, weil jemand die Herdplatte angelassen hat. Bei Großbränden fehlt es den Feuerwehrleuten an Routine. Einmal im Jahr geht es für sie deshalb nach Rotterdam.

„Seid ihr bereit?", ruft der Trainer. „Dann stecken wir es an!" Schon faucht ein Feuer aus einer kaputten Gasleitung. Sebastian Deppe rollt einen Schlauch aus, dick wie sein Oberarm, und schließt ihn an einen Hydranten an. „Zweites Rohr, Wasser marsch!", ruft er noch, dann schießt eine gewaltige Fontäne auf die brennende Leitung. Es rauscht und braust und spritzt aus allen Ecken. Hektik? Fehlanzeige! „Im

Ernstfall würden wir alles im Laufschritt erledigen", versichert Sebastian Deppe später.

Bei einem echten Einsatz vergehen nach einem Notruf höchstens zehn Minuten, bis die Feuerwehr vor Ort ankommt: rein in die feuerfeste Uniform, runterrutschen in die Fahrzeughalle – an einer Metallstange wie im Film –, und los geht's! „Blöd ist es nur, wenn ich bei einem Notruf gerade eingeseift unter der Dusche stehe", erzählt Sebastian Deppe. Er arbeitet 24 Stunden am Stück, einen Tag und eine Nacht lang. Dann hat er zwei Tage frei. „Im Dienst gleicht kein Tag dem anderen", sagt der Hauptbrandmeister. „Ich weiß nie, was mich erwartet."

Das ist in Rotterdam nicht anders. Für die letzte Übung karrt ein ▶

Kontrollierte Katastrophe: Auf dem sechs Fußballfelder großen **Gelände** in Rotterdam trainieren täglich mehrere Feuerwehren aus aller Welt

Im Ernstfall muss jeder Handgriff sitzen, weiß **Hauptbrandmeister** Sebastian Deppe. Hier übt er, einen Kesselwagen mit dem Schaumrohr zu löschen

Mehr als **30 000** Berufsfeuerwehrleute gibt es in Deutschland – und fast eine Million Mitglieder bei den Freiwilligen Feuerwehren.

Bei **180** Grad Celsius schützt ein Feuerwehranzug zehn Minuten lang vor Verbrennungen.

Volles Rohr! **Metalltanks** werden sehr heiß, wenn es brennt. Die Männer lernen in der Fortbildung deshalb: Kühlen ist manchmal wichtiger als löschen

Viel Rauch um nichts: Für die **Übungsbrände** gehen meist Benzin und Gas in Flammen auf. Obwohl es ordentlich qualmt, riechen die Feuer kaum

Gerade einmal **2** Minuten braucht ein Feuerwehrmann zum Umziehen – dank eines Tricks: Die Beine des Anzugs stecken immer in den Stiefeln, die Männer steigen in beides gleichzeitig.

25 Kilogramm wiegt die Ausrüstung pro Person – inklusive Helm, Atemschutzmaske und Pressluftflasche.

Weiß auf schwarz: In wenigen Minuten versprühen die Feuerwehrmänner Unmengen an **Löschschaum**. Das Gelände gleicht nach der Übung einer Winterlandschaft

Gabelstapler ein gutes Dutzend große Kanister heran, gefüllt mit Schaummittel. Mischt man es mit Luft und Wasser, entsteht Löschschaum, weiß und fluffig wie Schlagsahne. „Oh Mist, das wird was Größeres", rutscht es Sebastian Deppe heraus. Er wirkt auf einmal ernst. Auch um ihn herum herrscht statt Kirmes- nun eher Katastrophenstimmung.

Plötzlich schießen aus einem Güterzug grelle Flammen in den wolkenverhangenen Himmel. Der Trainer erklärt: „Ein Kesselwagen ist aus den Schienen gesprungen. Ladung: Benzin. Eingeschlossene Personen: keine. Also, bitte, löschen und kühlen!" Ein Teil des Benzins ist bereits ausgelaufen, an immer mehr Stellen flackern Flammen unter dem Kesselwagen hervor.

„Feuer kann unberechenbar sein, vor allem, wenn es außer Kontrolle gerät", sagt Sebastian Deppe später. Manchmal wird es deshalb auch für die Einsatzkräfte brenzlig: Der Rauch kann ihnen die Sicht nehmen, in unbekannten Gebäuden verlieren sie bisweilen die Orientierung. Und hin und wieder wird es trotz Schutzanzug so heiß, dass sich Brandblasen auf der Haut bilden. „Da kommt es auf Erfahrung und vor allem auf Teamwork an", sagt der Hauptbrandmeister. „Man muss sich absolut aufeinander verlassen können."

Zum ersten Mal in den zwei Tagen macht sich auf dem Übungsgelände mit dem Feuer nun Hektik breit: Zwischen den Waggons ist die Hitze bereits unerträglich, sie brennt auf jedem Stück

Haut, das nicht im feuerfesten Overall steckt. Stiefel trampeln, metallene Schlauchanschlüsse klappern über den Asphalt. Wenige Minuten später hält Sebastian Deppe das Schaumrohr im Anschlag und lässt es schwere Seifenwolken spucken. Nach zehn, 15 Minuten ist das Feuer gelöscht. Sebastian Deppe steht bis zu den Knien im Schaum, klitschnass und über beide Wangen strahlend: „Auch wenn es nur eine Übung war – für uns Feuerwehrmänner ist es das tollste Gefühl, wenn wir helfen konnten!" ∎

Waren wie immer mit Feuer und Flamme bei der **Recherche**: Fotograf Michael und Textchefin Simone

Gerade einmal vier Liter Benzin stehen hier in Flammen. Den Treibstoff löscht die Feuerwehr mit **Pulver** statt mit Wasser. Weil Benzin leichter ist, würde es auf dem Löschwasser schwimmen und einfach weiterbrennen

Was tun, wenn's brennt?

112

Vor allem eines: die Feuerwehr alarmieren – über die Notrufnummer 112. Am Telefon solltet ihr folgende fünf W-Fragen beantworten können:

- **WO** ist etwas geschehen?
- **WAS** ist geschehen?
- **WIE** viele Personen sind betroffen?
- **WELCHE** Art von Verletzung/ Schaden liegt vor?
- **WARTEN** auf Rückfragen!

Zahlen, bitte!

64 Jahre war Diana Nyad bereits alt, als sie im Jahr 2013 den Weltrekord für Frauen im **Langstreckenschwimmen** aufstellte: Sie kraulte 177 Kilometer von Havanna auf Kuba bis nach Key West in den USA – und brauchte dafür 53 Stunden.

8 Insgesamt **8** Jahre seines Lebens verbrachte **Mahatma Gandhi** hinter Gittern – weil er sich für die Unabhängigkeit Indiens einsetzte. Sein gewaltfreier Widerstand machte ihn zum Vorbild für Generationen.

470 Zentimeter Flügelspannweite besitzt **Batman** im Film „Batman Begins". Physiker haben errechnet, dass er damit tatsächlich 350 Meter weit segeln könnte. Allerdings würde er bei der Landung mit 110 Kilometer pro Stunde aufprallen – eine im echten Leben tödliche Aktion.

1. Platz! Die Person, die den meisten Menschen als Vorbild dient, ist laut einer Umfrage die eigene **Mutter**.

14 **Berge,** die höher als 8000 Meter sind, gibt es auf der Erde. Der Nepalese Nirmal Purja bestieg sie alle in gut sechs Monaten. Weltrekord!

65 000 Mitarbeitende packen bei der Hilfsorganisation **Ärzte ohne Grenzen** in über 70 Ländern an, versorgen Menschen mit Medikamenten oder behandeln und operieren sie. So retten sie jeden Tag Leben.

2-mal reiste
der deutsche **Astronaut** Alexander Gerst bereits zur Internationalen Raumstation – und verbrachte dort jeweils sechs Monate, einmal sogar als Kommandant.

390 613 322
Fans folgen ihrem Idol, dem Fußballstar **Christiano Ronaldo**, auf Twitter, Facebook und Instagram (Stand: 2. Dezember 2021).

GUTE NACHRICHT
84
Prozent der 15- bis 24-Jährigen in Deutschland wollen sich laut einer **Umfrage** der Aktion Mensch zukünftig für andere Menschen einsetzen.

0
Vereine wollten den American-Football-Star **Colin Kaepernick** unter Vertrag nehmen, nachdem er im Jahr 2016 bei der US-amerikanischen Nationalhymne nicht aufgestanden war, sondern stattdessen niederkniete – als Zeichen gegen Rassismus. Auch wenn die Vereine der Football-Liga NFL ihn dafür abstraften: Millionen Menschen feiern Colin Kaepernick als Helden, und die Menschenrechtsorganisation Amnesty International ehrte ihn sogar als „Botschafter des Gewissens".

2018
war der **Dreistachelige Stichling** der Fisch des Jahres – vielleicht weil die Männchen ihren Nachwuchs heldenhaft beschützen: Während andere Fische ihre abgelegten und befruchteten Eier sich selbst überlassen, bauen die Väter ihnen ein Nest und verteidigen sie gegen Fressfeinde.

261 515
Verdienstorden haben deutsche Bundespräsidenten bislang verliehen – an Menschen, die Besonderes für die Gemeinschaft geleistet haben.

87
Jahre alt wurde **Mutter Teresa**. Für ihre aufopferungsvolle Arbeit mit Armen und Kranken in Indien wurde der Ordensschwester im Jahr 1979 der Friedensnobelpreis verliehen.

Im Jahr 1925
rettete **Balto**, der Leithund eines Schlittenhundegespanns, zahlreiche Menschenleben. Er trotzte einem Sturm und der Kälte und brachte Medikamente in das unzugängliche Dorf Nome im Norden des US-Bundesstaates Alaska. Dort war die Krankheit Diphterie ausgebrochen. Heute erinnert ein Denkmal im Central Park von New York City an den Siberian Husky.

Nur Mut

Wie Menschen zu Helden des Alltags werden

Eine Szene aus dem Alltag: Im Bus gibt es **Geschrei**, und plötzlich stehen alle, die mitfahren, vor der Frage: Ist das harmlos, oder braucht jemand wirklich Hilfe?

Pöbeleien in der U-Bahn, Schlägereien auf dem Schulhof – wer in solchen Situationen eingreift, beweist **Zivilcourage**. Doch warum handeln manche Menschen, während andere wegschauen?

Text: Annika Sartor ——
Illustration: Kati Szilágyi

Stellt euch folgende Szene vor: Ihr sitzt im Bus, und plötzlich wird es hinter euch laut. Als ihr euch umdreht, seht ihr, dass ein paar Jugendliche eingestiegen sind. Die Gruppe setzt sich zu einem Gleichaltrigen, der auf den hinteren Sitzen auf sein Handy schaut. Dann geht es los: Die Jugendlichen machen blöde Sprüche, bedrängen den Jungen. Als er aufstehen will, reißt ihm jemand das Handy aus der Hand. Ein anderer aus der Gruppe beginnt zu schubsen, droht mit Schlägen – und was macht ihr?

In solchen Situationen einzuschreiten erfordert eine ganz besondere Art von Mut: Zivilcourage, auch Bürger- oder Alltagsmut genannt. Damit ist gemeint, dass sich Menschen trauen, Schwächeren in der Öffentlichkeit beizustehen – zum Beispiel auf der Straße, am Arbeitsplatz oder auf dem Schulhof. Angetrieben werden sie dabei von Werten, die ihnen im Leben wichtig sind. Wenn wir etwa Rassismus, Gewalt und Ungerechtigkeit verabscheuen, mischen wir uns ein, sobald anderen diese Dinge widerfahren – auch wenn es ungemütlich wird. Wer Zivilcourage zeigt, riskiert nämlich oft Nachteile für sich selbst. Die Angreifenden im Bus könnten von ihrem Opfer ablassen und sich stattdessen die Person vorknöpfen, die sich ihnen in den Weg stellt.

Vermutlich werden manche Menschen, die Zivilcourage zeigen, genau deshalb wie Heldinnen und Helden gefeiert. In Zeitungen und im Fernsehen gibt es Berichte über Mutige, die bei U-Bahn-Schlägereien eingreifen, Mobbing-Opfern helfen oder gegen ausländerfeindliche Parolen aufstehen. In Hamburg erhielten 2017 sieben Männer einen Zivilcourage-Preis, weil sie einen Messerstecher in einem Supermarkt gestoppt hatten. Aber es gibt auch immer wieder andere Schlagzeilen: von Opfern, die dringend Hilfe benötigt hätten, aber keine bekommen haben – obwohl sie von Menschen umgeben waren. Wovon also hängt es ab, ob jemand wegschaut oder Zivilcourage zeigt?

Das Gesetz sagt ganz klar: Wir alle sind bei Gefahr, in Unglücken oder Notfällen verpflichtet, anderen zu helfen. Erwachsene, die nichts tun, können wegen „unterlassener Hilfeleistung" bestraft werden. Trotzdem haben nur wenige den Mumm, sich im Ernstfall einzumischen. Vor allem bei Gewalttaten kostet das Überwindung. Forschende wollten wissen, was mutige Menschen ausmacht, und haben sich auf die Suche nach der „Heldenformel" gemacht. Dabei haben sie herausgefunden, dass typische Helfer tatsächlich Gemeinsamkeiten haben: Sie kommen oft aus Familien, in denen die Eltern ihren Kindern auf Augenhöhe begegnen und sie mitbestimmen lassen. So lernen Mädchen und Jungen früh Verantwortung und Selbstvertrauen. Eine weitere Erkenntnis: Auf dem Land zeigen die Leute eher Zivilcourage als in der Großstadt. Das kommt vermutlich daher, dass man sich in der Dorfgemeinschaft kennt und niemand zum Außenseiter werden will, weil er oder sie sich falsch verhält. Die Studien zeigen außerdem einen Zusammenhang zwischen dem Beruf und der Hilfsbereitschaft von Menschen. Besonders häufig mischen sich diejenigen ein, die im Alltag viel mit anderen Personen zu tun haben: Busfahrerinnen, Lehrer, Kindergärtnerinnen … ▶

Viel entscheidender als die Lebensumstände von Helfenden ist aber die Frage, ob es viele Augenzeugen gibt. Wenn viele zuschauen, schreiten Einzelne bestimmt eher ein, oder? Es klingt verrückt, doch zahlreiche Studien haben gezeigt, dass das Gegenteil der Fall ist. Je mehr Menschen in einer Notsituation anwesend sind, desto unwahrscheinlicher ist es, dass jemand eingreift. Das Phänomen, wenn alle tatenlos zusehen, hat sogar einen eigenen Namen. Man nennt es Bystander-Effekt (übersetzt: „Zuschauer-Effekt").

Wissenschaftlerinnen und Wissenschaftler erklären das Verhalten damit, dass wir in solchen Situationen gern die Verantwortung auf andere abschieben. Außerdem ist es oft nicht leicht, Notfälle als solche zu erkennen. Ist das vor unseren Augen ein handfester Streit? Oder eine Rangelei unter Freunden? Sind wir in solchen Fällen unsicher, schauen wir, wie sich Menschen um uns herum verhalten. Wenn wir erkennen, dass keiner der anderen etwas unternimmt, wird das Ganze schon nicht so schlimm sein. Doch handeln alle so, schreitet am Ende niemand ein! Dahinter steckt die Sorge, eine Situation falsch einzuschätzen und sich zu blamieren. Wie peinlich wäre es doch, wenn man sich bei einer Rauferei dazwischenwirft und dann feststellen muss, dass die Beteiligten nur Karate üben …

Neuere Studien zeigen allerdings: Wenn eine Notsituation klar erkennbar ist und es hart auf hart kommt, helfen viele doch. Ein Psychologe der Universität Regensburg zum Beispiel hat mehrere Versuchsgruppen zwei Begegnungen beobachten lassen. Bei der ersten gerieten eine Frau und ein kleiner, schmächtiger Mann aneinander. Beim zweiten Mal war der Täter muskelbepackt und der Frau körperlich klar überlegen – fast alle Versuchspersonen kamen ihr daraufhin zur Hilfe.

Und noch eine gute Nachricht: Zivilcourage kann man lernen. Vielerorts bietet die Polizei Kurse an. Die Teilnehmenden üben in Rollenspielen, Notsituationen zu erkennen und entsprechend zu reagieren (lest dazu den Kasten unten). Geraten sie dann einmal in echte Konflikte, stehen sie nicht ratlos herum, sondern können das Gelernte wiederholen. Wer so einen Kurs mitgemacht hat, weiß unter anderem: Es geht gar nicht darum, sich selbst einzumischen oder gar in Gefahr zu bringen – auch jemand, der Hilfe holt, beweist heldenhaften Mut. ■

So helft ihr richtig

Pöbeleien, Anfeindungen, Angriffe – jeder kann im Ernstfall helfen. Hier lest ihr, wie ihr euch am besten verhaltet

• **Acht geben!** Wenn ihr eine Auseinandersetzung mitbekommt, wendet euch nicht ab, sondern schaut genau hin: Benötigt jemand Unterstützung? Wenn ihr unsicher seid, fragt das Opfer, ob es Hilfe braucht.

• **Hilfe holen!** Wenn ihr euch im Bus befindet, sagt dem Fahrer oder der Fahrerin Bescheid. Ist die Situation bedrohlich: Ruft die Polizei! Sprecht umstehende Menschen direkt an: „Sie da, in der grünen Jacke, bitte helfen Sie!" Lasst Opfer und Täter wissen, dass Gegenwehr organisiert ist.

• **Abstand halten!** Bringt euch nicht selbst in Gefahr. Beschimpft die Täter nicht, vermeidet Diskussionen und fasst sie nicht an – auch nicht zur Beruhigung. Handelt es sich um erwachsene Angreifer: siezt sie. So kann niemand auf den Gedanken kommen, dass sie Bekannte von euch sind.

• **Perspektive wechseln!** Kümmert euch um das Opfer statt um die Täter. Schlagt etwa vor, dass es sich zu euch setzt. Auch ein Ablenkungsmanöver kann funktionieren: Ihr könnt zum Beispiel so tun, als ob ihr das Opfer kennt.

• **Laufen lassen!** Haltet die Täter nicht fest, sondern lasst sie laufen. Prägt euch aber möglichst viele Details ein, damit ihr deren Aussehen beschreiben könnt.

Klarer Fall zum Handeln! Wer einen Konflikt mitbekommt, sollte selbst einschreiten oder **Hilfe** organisieren – aber nicht einfach wegschauen

Hast du das Zeug zum Alltagshelden?

Schwächeren beizustehen und Zivilcourage zu zeigen ist keine einfache Sache. Wie leicht fällt es euch, euren Mitmenschen zu helfen? Macht den **Test** und findet es heraus

1 Was ist dir im Leben besonders wichtig?

A: Dass es gerecht zugeht und alle Menschen gut miteinander umgehen. ●

B: Hauptsache, mir, meiner Familie und meinen Freunden geht es gut. ▲

C: Wenig Hausaufgaben und abends einen guten Film sehen – damit bin ich eigentlich schon glücklich. ■

2 Du sitzt in der U-Bahn, als es hinter dir plötzlich laut wird. Wie reagierst du auf das Geschrei?

A: Gar nicht. Ich habe in der U-Bahn nämlich immer Kopfhörer auf und höre laut Musik. ■

B: Ich drehe mich sofort um und schaue, was da los ist. ●

C: In der Bahn ist es doch ständig laut. Ich spitze aber trotzdem weiter die Ohren, falls es ernst wird. ▲

3 Wie gut kennst du die Menschen in deiner Umgebung?

A: Bei uns im Dorf kennt jeder jeden wie in einer großen Familie. ●

B: Ich lebe zwar in der Stadt, aber unser Stadtteil ist ein Dorf... ▲

C: Wie heißen unsere Nachbarn noch mal? ■

5 Wie würden dich deine Freunde am ehesten beschreiben?

A: Welche Freunde? Ich mache lieber mein eigenes Ding, und das ist gut so. ■

B: Als Kämpfernatur. Ich bin mutig und sage meine Meinung – auch wenn ich damit aus der Reihe tanze. ●

C: Schlau und besonnen. Ich bewahre auch in brenzligen Situationen einen kühlen Kopf und weiß genau, was zu tun ist. ▲

4 Wie leicht fällt es dir, Notsituationen richtig einzuschätzen?

A: Eine Auseinandersetzung? Die machen doch bestimmt nur Spaß. Oder doch nicht? ■

B: Wenn ich mir unsicher bin, gehe ich einfach hin und frage nach: Braucht jemand Hilfe? ▲

C: Keine Zeit zum Nachdenken. Wenn mir etwas komisch vorkommt, mische ich mich ein. Reden kann man auch hinterher noch. ●

6

In eurem Klassenchat werden einzelne Schülerinnen oder Schüler lächerlich gemacht und beleidigt. Wie reagierst du?

A: Ich schreibe den Unruhestiftern eine private Nachricht und überzeuge sie, damit aufzuhören. ▲

B: Zum Glück habe ich die Gruppe gegründet und kann die Pöbler rausschmeißen. So etwas kann ich echt nicht leiden! ●

C: Ich schalte das Handy auf stumm. Morgen redet sowieso niemand mehr darüber. ■

7

Am Kiosk siehst du eine Zeitung, in der von einer Schlägerei in einem Einkaufszentrum berichtet wird. Die Schlagzeile: »Umstehende sehen tatenlos zu« – was denkst du?

A: Kann ich schon verstehen. Ich hätte auch Angst gehabt, selbst was abzukriegen. Aber die Leute hätten zumindest die Polizei rufen können. ▲

B: Was ist mit den Leuten los?! Ich hätte mich auf jeden Fall eingemischt und versucht, das zu stoppen. ●

C: Zufälle gibt's – das hab ich doch gestern mitbekommen ... ■

AUFLÖSUNG

Hinter jeder deiner Antworten steht ein Symbol.
Zähle, welche Symbole du am häufigsten hast. Trag hier die Anzahl ein: ▲ _____ ■ _____ ● _____

AM HÄUFIGSTEN ●:

Starker Auftritt

Du interessierst dich für deine Mitmenschen und willst, dass es ihnen gut geht. Ist jemand in Not, fackelst du nicht eine Sekunde und schreitest mutig ein. Auch wenn dieses Verhalten wirklich heldenhaft ist: Pass auf, dass du dich dabei nicht selbst in Gefahr bringst!

AM HÄUFIGSTEN ▲:

Kluger Kopf

Du gehst aufmerksam durchs Leben und hast ein kluges Köpfchen – gute Eigenschaften für einen Alltagshelden. Du bist gut darin, blitzschnell Lösungen zu finden oder Hilfe zu organisieren. Vor allem wenn Freunde in Not sind, bist du zur Stelle.

AM HÄUFIGSTEN ■:

Stiller Begleiter

Du bist still und gern für dich allein. In Gruppen tauchst du lieber ab, statt herauszustechen. Daran ist grundsätzlich nichts auszusetzen. Versuche trotzdem, genau hinzusehen, was um dich herum passiert. Nur dann bemerkst du Konflikte und kannst erkennen, wenn deine Hilfe gefragt ist.

Catwoman

Stärke: ●○○○○
Intelligenz: ●●●●○
Unterhaltungsfaktor: ●●●●●○
Feinde: Hellhound, Cyber-Cat, She-Cat, Tracker

Als Kind hat Selina Kyle nur Katzen als Freunde und lebt sogar auf der Straße. Später entdeckt sie ihr Talent als **Meisterdiebin** und schlüpft in ein Katzenkostüm. Sie tritt meist in Batman-Geschichten auf, mal als kratzende Gegnerin und mal als Geliebte des Superdetektivs – aber immer unberechenbar, eben wie eine Katze.

Thor

Stärke: ●●●●○
Intelligenz: ●●○○○
Unterhaltungsfaktor: ●●○○○
Feinde: Loki, Malekith, Hela, Gorr, Mangog, Enchantress

Der Donnergott wird von seinem Vater Odin auf die Erde verbannt. Hier schwingt der **Muskelprotz** oft im Avengers-Team seinen Super-Hammer Mjölnir. Thor ist sicher nicht der raffinierteste aller Superhelden, doch im Kampf nur schwer zu besiegen.

COMIC-SUPERHELDEN
Eine Klasse für sich

Sie sind megastark und bewahren die Welt vor jeder **Gefahr**. Comic-Superhelden und -heldinnen sind heute noch so beliebt wie vor 80 Jahren. Wir stellen euch einige der Typen und ihre Teams vor

— Text: Stefan Greschik

Sicher kennt ihr das: Jemand war gemein zu euch – woraufhin ihr vor Wut platzt und euch vorstellt, es ihm mal richtig zu geben. Ebenso geht es den Amerikanern und Amerikanerinnen im Jahr 1938. Damals bedrohen die deutschen Nazis und ihr Anführer Adolf Hitler andere Länder, und überall fürchten sich die Menschen vor einem Krieg. Da taucht in einem Comic Superman auf, ein unverwundbarer Superheld, der Hitler und seine Schurken vermöbelt. Die Fans fiebern bei jedem Abenteuer mit – wie erleichternd das ist, die Guten gewinnen zu sehen! Superman-Comics werden der Renner, besonders als im Jahr darauf wirklich der Zweite Weltkrieg ausbricht. Bald kämpfen weitere Heldinnen und Helden mit dem „Mann aus Stahl" gegen Schurken, Batman und Wonder Woman etwa. Manche kommen aus dem Weltall, andere haben ihre Talente durch Unfälle bekommen. Damit die Kämpfe nicht langweilig werden, erfinden die Comic-Autoren für jeden Helden Gegner, die ähnlich stark sind wie er. Und selbst die mächtigsten haben eine Schwäche, eine Achillesferse: Grüne Laternes Energiering kann gelbe Gegenstände nicht beeinflussen! Dann ist der Weltkrieg vorbei, und die Superwesen kommen aus der Mode. Klar: Die Welt ist ja gerettet. In den 1950ern sollen sie in den USA sogar verboten werden, weil sie angeblich die Jugend verderben. Sind die Helden besiegt? Keineswegs! Die alten Stars Superman und Batman aus dem Comicverlag DC kehren immer wieder zurück. Und Konkurrent Marvel schafft neue, menschlichere Helden wie Spider-Man. ∎

Batman

Stärke: ⬤◯◯◯◯
Intelligenz: ⬤⬤⬤⬤⬤
Unterhaltungsfaktor: ⬤⬤⬤⬤⬤
Feinde: Joker, Pinguin, Riddler, Ra's al Ghul, Two-Face, Deadshot

Als Junge muss Bruce Wayne mit ansehen, wie seine Eltern ermordet werden. Das macht ihn zum Kämpfer gegen das Verbrechen. Tagsüber spielt er den gelangweilten Milliardär, nachts jagt er als **Dunkler Ritter** im Fledermauskostüm den Gaunern der Stadt Gotham Angst ein. Obwohl Batman keine Superkräfte hat, ist er einer der beliebtesten Superhelden. Das liegt auch an seinen originellen Feinden – etwa dem verrückten Joker (lest dazu auch ab Seite 56), der Vogelscheuche oder dem watschelnden Pinguin.

Supergirl

Stärke: ⬤⬤⬤⬤◯
Intelligenz: ⬤⬤⬤⬤◯
Unterhaltungsfaktor: ⬤⬤◯◯◯
Feinde: Metallo, Rhea, Cyborg-Superman

Supermans **Cousine** Kara stammt in frühen Comics ebenfalls vom Planeten Krypton und hat ähnliche Superkräfte. Weil das ziemlich langweilig ist, ändert DC ab 1986 oft ihre Geschichte: Mal lebt Supergirl in der Zukunft, mal tritt sie als Supermans Tochter auf.

Black Panther

Stärke: ⬤⬤◯◯◯
Intelligenz: ⬤⬤⬤⬤◯
Unterhaltungsfaktor: ⬤⬤⬤◯◯
Feinde: Klaw, Eric Killmonger, Man-Ape, Namor, White Wolf

Der erste Superheld aus Afrika heißt eigentlich T'Challa und ist **König** des Landes Wakanda. Seine pantherhafte Geschmeidigkeit und Stärke verdankt er herzförmigen lila Kräutern. Oft kämpft er mit Captain America im Team der Avengers.

Roter Blitz

Stärke: ⬤⬤⬤⬤◯
Intelligenz: ⬤⬤⬤⬤◯
Unterhaltungsfaktor: ⬤⬤⬤◯◯
Feinde: Gorilla Grodd, Prof. Zoom, Rainbow Raider, Negativ-Blitz

Durch einen Laborunfall verwandelt sich der Wissenschaftler Barry Allen in den schnellsten **Läufer** der Erde. Doch Roter Blitz kann auch blitzschnell denken, durch Wände vibrieren und durch die Zeit düsen. In den letzten Jahren tritt er meist als „Flash" auf.

Grüne Laterne

Er gehört zu einer Art galaktischer **Polizeitruppe**, die von Außerirdischen, den „Wächtern", berufen werden. Alle Grünen Laternen tragen Energieringe, die sie regelmäßig an Batterien aufladen müssen. Das macht sie fast unbesiegbar – nur gegen die Farbe Gelb sind die Superhelden machtlos.

Stärke: ●●●●○
Intelligenz: ●●●○○
Unterhaltungsfaktor: ●●●○○
Feinde: Sinestro, Shark, Star Sapphire, Parallax, Nekron

Hulk

Stärke: ●●●●○
Intelligenz: ●○○○○
Unterhaltungsfaktor: ●●●○○
Feinde: Abomination, Leader, Red Hulk, Zzzzax

Bruce Banner ist ein brillanter Wissenschaftler, der bei einem Unfall Gammastrahlung abbekommt. Seither verwandelt er sich jedes Mal, wenn er wütend wird, in ein grünes **Monster**: Er spricht wie ein Dreijähriger, tobt herum und wirft die Panzer der Bösewichte wie Spielzeuge durch die Gegend.

Als dem Chef des Marvel-Verlags 1962 Spider-Man vorgestellt wird, ist er wenig begeistert: Ein **Verlierertyp** namens Peter Parker, über den sich alle an seiner Schule lustig machen und der durch einen Spinnenbiss Spinnentalente entwickelt? Doch die Fans lieben den Kletterkünstler – vielleicht gerade weil er so normal ist und ähnliche Probleme hat wie sie.

Spider-Man

Stärke: ●●○○○
Intelligenz: ●●●●○
Unterhaltungsfaktor: ●●●●●
Feinde: Green Goblin, Venom, Dr. Octopus, Kingpin

Captain America

Der schwächliche Steve Rogers wird durch ein Serum der US-Regierung zum **Supersoldaten**. In schickem Amerika-Anzug und mit einem Wurfschild ausgestattet macht er Jagd auf die Nazis. Später wird er für fast 20 Jahre im Eis eingefroren, wieder aufgetaut und Chef der Avengers.

Stärke: ●●○○○
Intelligenz: ●●●○○
Unterhaltungsfaktor: ●●○○○
Feinde: Red Skull, Baron Zemo, Hydra, Red Guardian

Der stärkste aller Superhelden wurde als Baby vom untergehenden Planeten Krypton auf die Erde geschickt und von braven Farmersleuten aufgezogen. Tagsüber arbeitet er getarnt als schusseliger **Reporter** Clark Kent, ist aber jederzeit bereit, bei Notfällen loszuzischen. Nur drei Dinge machen ihn manchmal schwach: grünes Kryptonit, Magie und das Licht roter Sonnen.

Superman

Stärke: ●●●●●
Intelligenz: ●●●●○
Unterhaltungsfaktor: ●●○○○
Feinde: Lex Luthor, Brainiac, Bizarro, Darkseid, Doomsday

Wonder Woman

Stärke: ●●●●○
Intelligenz: ●●●●○
Unterhaltungsfaktor: ●●○○○
Feinde: Ares, Circe, Cheetah, Maxwell Lord

Anfang der 1940er-Jahre gibt es nur männliche Superhelden. Ein amerikanischer Psychologe denkt sich daraufhin die **Amazonenprinzessin** Diana aus – Wonder Woman. Sie besiegt ihre Gegner meist mit zwei Waffen: ihren Armbändern, mit denen sie alle Geschosse abwehrt, und ihrem magischen Lasso, mit dem sie Feinde fangen und zwingen kann, die Wahrheit zu sagen.

Aquaman

Stärke: ●●●○○
Intelligenz: ●●●○○
Unterhaltungsfaktor: ●●●●○
Feinde: Black Manta, König Hai, Ozeanmeister

Über den Helden mit dem Dreizack machen sich Comic-Fans lange lustig. Aquaman gilt als der Typ, der mit den Fischen spricht und an Land zu nichts zu gebrauchen ist. In letzter Zeit stellt ihn Marvel aber mächtiger dar – als grimmigen **Umweltschützer** im Kampf gegen die Meeresverschmutzung.

Fantastische Vier

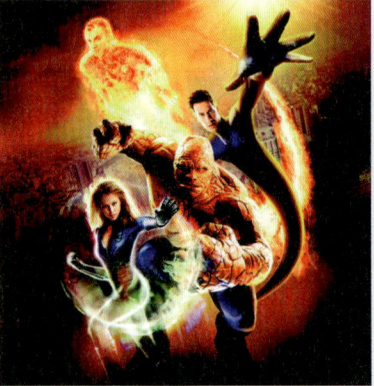

Stärke: ●●●●○
Intelligenz: ●●●●●
Unterhaltungsfaktor: ●●●○○
Feinde: Dr. Doom, der Maulwurf, die Skrulls, Galactus

Zu ihnen gehören der superelastische Mr. Fantastisch, Das steinerne, tragische Ding, Die Unsichtbare und Die Fackel, die wie eine Rakete durch die Luft zischen kann. Das **Quartett** nimmt es oft mit schrägen Gegnern wie dem Maulwurf oder dem eleganten, außerirdischen Silversurfer auf. Und es dient als Vorbild für den erfolgreichen Animationsfilm „Die Unglaublichen".

X-Men

Stärke: ●●●○○
Intelligenz: ●●●●●
Unterhaltungsfaktor: ●●●●●
Feinde: Magneto, Bolivar Trask, Phoenix

Der **Superhelden-Trupp** besteht ursprünglich aus dem Ameisenmann, der Wespe, Iron Man und dem Hulk. Später wechselt Marvel aber noch viele andere seiner Helden ein oder aus, etwa Captain America.

Avengers

Stärke: ●●●●○
Intelligenz: ●●●●○
Unterhaltungsfaktor: ●●●○○
Feinde: Ultron, Kang, Loki, Helmut Zemo, Baron von Strucker, Thanos

Professor X sammelt an seiner Schule junge **Mutanten**, also Menschen, die durch genetische Veränderungen besondere Fähigkeiten haben – bei denen etwa superschnell Verletzungen heilen, die Blitze schleudern können oder einen Energieblick haben. Als X-Men kämpfen sie einerseits gegen Menschen, die Mutanten hassen. Und andererseits gegen böse Mutanten, die sich den Menschen für überlegen halten und gewaltsam die Macht an sich reißen wollen. Als die X-Men 1963 als Comic erscheinen, sind sie nur mäßig erfolgreich. Im Kino starten sie in den vergangenen 20 Jahren aber voll durch.

SCHURKEN-TRUPPE

WAS GUTE BÖSEWICHTE AUSMACHT

Die meisten Helden brauchen einen Feind, den sie besiegen können. Was käme wohl heraus, wenn der Joker, Voldemort und all die anderen Superschufte an einem Tisch säßen? Ein ziemlich unterhaltsames **Gespräch**! Lest selbst ...

— Text: Stefan Greschik

LORD VOLDEMORT

Feind von: Harry Potter

Typ: böser Zauberer

Erkennungsmerkmal: Schlangennase

Ziel: will an die Macht, unsterblich werden und Harry umbringen

Gefährlich durch: seine Grausamkeit und seine mächtigen Zauberkünste

Typisches Zitat: »Avada Kedavra!«

BÖSE KÖNIGIN

Feindin von: Schneewittchen
Typ: fiese Märchen-Stiefmutter
Erkennungsmerkmal: steht ständig vor dem Spiegel
Ziel: die Schönste sein
Gefährlich durch: ihre Hinterhältigkeit
Typisches Zitat: »Spieglein, Spieglein an der Wand, wer ist die Schönste im ganzen Land?«

GEOlino EXTRA: Fangen wir mit Ihnen an, Herr Voldemort. Sie …

Voldemort: Frecher Muggel, du sprichst meinen Namen aus? Impe …

Oh, bitte nicht gleich verfluchen! Wir wissen ja, dass außer Harry Potter fast niemand Ihren Namen sagt, weil Sie SOOO schrecklich sind. Alle nennen Sie „Der du weißt schon wer" oder „Der, dessen Name nicht genannt werden darf". Aber springen wir zurück: Als Kind hießen Sie Tom Riddle und gingen wie andere auf die Schule von Hogwarts.

Voldemort: Aber ich habe immer gewusst, dass ich etwas Besonderes bin …

Ja, schon da hielten Sie sich für besser als andere Zauberer, und als andere Menschen sowieso.

Voldemort: …und ich machte mich auf die Jagd nach dem Unsterblichen.

Unter Größenwahn leiden viele Schurken. Welche „Talente" haben Sie außerdem an sich entdeckt?

Voldemort: Ich kann dafür sorgen, dass Tiere tun, was ich will. Ich kann Leuten böse Dinge zustoßen lassen und dafür sorgen, dass sie Schmerzen haben.

Verstehe, Sie lieben es, andere zu beherrschen und zu quälen. Ihre Grausamkeit zeigen Sie ständig in den Harry-Potter-Büchern.

Voldemort: Harry Potter! Den muss ich auch noch töten! Avada Ke …

Sie hassen also die nette Hauptfigur – noch so eine Schurkeneigenart. Daneben sind Sie wie viele Fantasy-Fieslinge unheimlich. Nach dem ersten Kampf mit Harry verschwinden Sie einfach.

Voldemort: Ich wurde aus meinem Körper gerissen und zu einem Geist. **Besonders gruselig war, als Sie im Hinterkopf eines Lehrers steck-**

ten! Und als Sie endlich einen Körper bekamen, hatte der eine hässliche Schlangennase.

Böse Königin: Hach, es ist halt nicht jeder so schön wie ich!

Voldemort: Crucio!

Böse Königin: Autschi!

Eure Majestät, kommen wir zu Ihnen! Im Märchen hat Sie Schneewittchens Vater, der König, geheiratet.

Böse Königin: Kein Wunder, ich war die Schönste im ganzen Land. Das hat mir der Spiegel immer wieder gesagt.

Ja, Sie sind megaeitel. Und dann?

Böse Königin: Dann kommt dieses Schneewittchen, und der Spiegel … Schluchz!

Der Spiegel findet Schneewittchen schöner. Gönnen Sie ihr das nicht?

Böse Königin: Niemals! Das unverschämte Ding soll sterben!

Neidisch sind Sie also auch! Das ist bei Märchen-Stiefmüttern oft so. ▶

Schneewittchen umzubringen.

Böse Königin: Stimmt, aber sie entkommt zu den Zwergen …

Und Sie zeigen Ihre hinterhältige Seite, verkleiden sich als Händlerin und verkaufen Schneewittchen tödliche Gegenstände. Erst einen Gürtel, dann einen Kamm, und am Ende einen vergifteten Apfel.

Böse Königin: Das hat ja fast geklappt. Aber wie alle Märchen-Bösewichte scheitern Sie am Ende.

Böse Königin: Pah! Wenigstens bin ich hier die Schönste! Stimmt's, Spieglein?

hier. Aber „der du weißt schon wer" ist noch tausendmal schöner als Ihr!

Joker: HAHAHAHA!

Okay, kommen wir zu dir, Joker. Batman hat viele verrückte Gegner, aber du bist mit Abstand der gefährlichste und sein Lieblingsfeind. Bekannt bist du für dein durchgeknalltes Lachen.

Joker: PENG!

Ja, deine PENG-Pistole, einer deiner Scherzartikel, ist ebenfalls legendär. Dazu tanzt du oft albern herum. Aber immer, wenn man gerade über dich lachen will …

Scherze mache?

… machst du etwas Schlimmes. Du bist ein Typ, den man aus Horrorgeschichten kennt: der „böse Clown", der Witze macht, aber innerlich traurig, irre und gefährlich ist. Den gibt es auch bei den Simpsons, als Tingeltangel-Bob.

Mr. Burns: Simpsons? Ahoi hoi!

Sie sind gleich dran, Mr. Burns! Erst müssen wir …

Riddler: Mit was beginnt die Ewigkeit und endet jede Sekunde?

… einen anderen Batman-Feind befragen, den Riddler. Du heißt so,

JOKER

Feind von: Batman

Typ: böser Clown

Erkennungsmerkmal: gruseliges Lächeln

Ziel: dass alle anderen Menschen so lächeln wie er

Gefährlich durch: seine Unberechenbarkeit

Typisches Zitat: »Sehe ich aus, als würde ich scherzen?«

RIDDLER

Feind von: Batman

Typ: Verbrecher mit Tick

Erkennungsmerkmal: grüner Anzug mit Fragezeichen

Ziel: Rätsel stellen. Im letzten Kinofilm will er auch noch herausfinden, wer Batman ist

Gefährlich durch: seine Intelligenz

Typisches Zitat: »Was gehört zu dir, wird aber immer von anderen benutzt?« (dein Name)

MONTGOMERY BURNS

Feind von: Homer Simpson und den Arbeitern seines Atomkraftwerkes

Typ: geldgieriger Ausbeuter

Erkennungsmerkmal: presst die Fingerspitzen aneinander, wenn er etwas Fieses denkt

Ziel: noch reicher werden

Gefährlich durch: die Macht, die er dank seines Geldes hat

Typisches Zitat: »Ausgezeichnet!«

weil du Verbrechen immer mit Rätseln ankündigst. Und übrigens, die Antwort lautet: mit einem „E".

Riddler: Schau auf die Ziffern in meinem Gesicht, eine Dreizehn findest du nicht.

Eine Uhr. Deine Rätsel sind immer so leicht, dass Batman sie blitzschnell löst.

Riddler: Ha, versuch mal das: Wir sind acht an der Zahl, ziehen nie zurück und beschützen unseres Königs Glück!

Gähn, die Bauern im Schachspiel. Du gehörst zu den zwanghaften Verbrechern. Typen wie du müssen immer komische Regeln befolgen. Doppelgesicht etwa wirft jedes Mal eine Münze, ehe er Leute erschießt.

Riddler: Eins hab ich noch! Wir sind fünf Dinge, uns nimmt man beim Wort, du findest uns „am Tenniscourt".

Jaja, die Vokale. Das Problem bei euch Typen mit Tick ist: Ihr habt nie eine Chance.

Mr. Burns: Richtig! Deshalb könnten wir jetzt endlich über mich sprechen statt über diesen Versager.

Mr. Burns, das war nicht nett von Ihnen. Aber für Freundlichkeit sind Sie ja auch nicht gerade bekannt. Bei den Simpsons haben Sie die Rolle des skrupellosen Ausbeuters: Sie besitzen ein Atomkraftwerk, 1,5 Milliarden Dollar und quälen ständig ihre Arbeiter. Wenn Sie die beim Mittagessen sehen, sagen Sie ...

Mr. Burns: „Schneller essen! Runterschlucken könnt ihr in eurer Freizeit!"

In einer Folge sorgen Sie sogar dafür, dass die Sonne über Springfield verschwindet, damit die Menschen mehr Strom in ihrem Atomkraftwerk kaufen!

Mr. Burns: Hehe. Das war so leicht, wie einem Kind den Lutscher wegzunehmen.

Ja, das probieren Sie auch manchmal. Aber es funktioniert nie, weil Sie zu klapprig sind. Und Homer ...

Mr. Burns: Wer zum Teufel ist das?

Einer ihrer Arbeiter. Den missachten Sie immer, indem Sie seinen Namen vergessen. Wenn er zu Ihnen kommt, lassen Sie ihn vor Ihrem Schreibtisch stehen und sagen: Einen Schritt nach links! Und dann lassen Sie Homer ...

Mr. Burns: Wen?

... durch eine Falltür stürzen. Oder Sie hetzen Ihre Hunde auf ihn.

Mr. Burns: Man gönnt sich ja sonst nichts.

Böse Königin: Möchte noch jemand ein Äpfelchen?

Mr. Burns: Einen Schritt nach links!

Böse Königin: So? Aaahh!

Mr. Burns: Ausgezeichnet! ∎

DAS IST IHR JOB

Kinderbuchhelden zum Leben erwecken, Hundewelpen retten, gefährliche Filmszenen drehen: Viele **Berufe** klingen unglaublich spannend. Sind sie es wirklich? Wir machen den Check

—— Protokolle: Julia Wäschenbach

In Sicherheit: Bei der Tierschutz-Organisation Vier Pfoten engagiert sich Birgitt Thiesmann für **Haustiere**, die schlecht behandelt wurden

Die Tierretter und -retterinnen sind auch dort zur Stelle, wo Hunde nach einem **Unglück** oder einer Naturkatastrophe in Not geraten – wie hier in Bulgarien

Alles in Ordnung? Eine **Tierärztin** untersucht die geretteten Welpen. Anschließend kommen die Hunde in ein Tierheim, um sich zu erholen

BIRGITT THIESMANN, 58:
TIERSCHÜTZERIN

Arbeitsort: das Münchener Büro der Tierschutzorganisation Vier Pfoten. Ich habe aber Einsätze in ganz Deutschland.

So sieht mein Alltag aus: Immer wieder tauchen Kriminelle auf, die mit Hundewelpen handeln. Sie verkaufen Tiere, die krank oder sehr, sehr jung sind und keine gültigen Papiere oder eine Tollwut-Impfung haben. Im Ausland werden sie unter schlimmen Bedingungen gezüchtet. Da es gegen das Gesetz verstößt, solche Welpen nach Deutschland zu bringen, können die Händler und Händlerinnen bestraft werden, wenn man sie erwischt. Ich recherchiere im Internet, bis ich ihnen auf die Schliche komme. Dann gebe ich mich als Käuferin aus und verabrede einen Treffpunkt zur Übergabe. Die Polizei kommt mit, bleibt aber im Hintergrund, bis ich ein Zeichen gebe. Dann geht alles ganz schnell: Der Welpe wird in Sicherheit gebracht. Der kriminelle Händler oder die Händlerin muss eine Geldstrafe zahlen oder kommt ins Gefängnis.

Ich bin Tierschützerin geworden, weil... ich Tiere über alles liebe und ihnen eine Stimme geben möchte.

Das mag ich besonders an meinem Job: Ich kann Welpen retten und dazu beitragen, dass Menschen, die Tiere quälen, bestraft werden.

Manchmal nervt mich... dass Behörden bisweilen nichts gegen die Tierquälerei unternehmen. Und dass es illegalen Welpenhandel immer noch gibt, weil die Politik zu wenig dagegen unternimmt.

Während meiner Ausbildung habe ich gelernt... die vielen traurigen Geschichten so gut wie möglich auszublenden und weiterzukämpfen.

Mein größter Held ist: Heli Dungler, der Vier Pfoten 1988 gegründet hat. Ihm ist es zu verdanken, dass daraus eine internationale Tierschutzstiftung geworden ist.

Actionfaktor:

Ist was für:
Tierfreunde   Mutige

Alle Hände voll zu tun: Mehr als 1500 **Welpen** hat die Tierschützerin gemeinsam mit ihren Kolleginnen und Kollegen im Jahr 2021 aus illegalen Zuchten und Transporten befreit

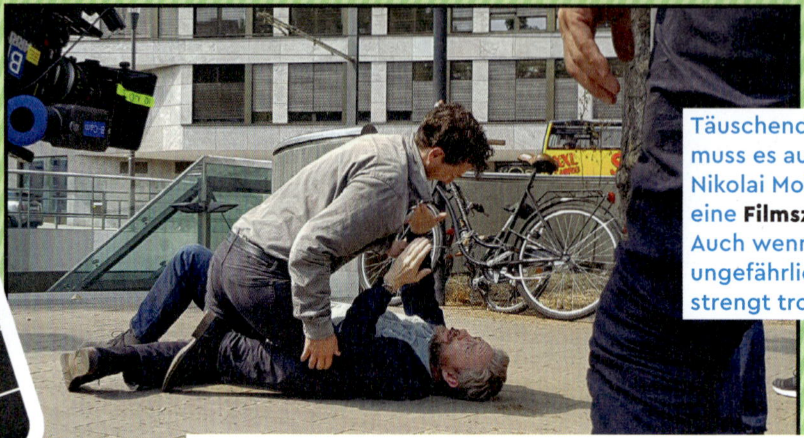

Täuschend echt muss es aussehen, wenn Nikolai Mohr sich für eine **Filmszene** prügelt. Auch wenn das Gerangel ungefährlich ist – es strengt trotzdem an

Schon als Kind war Nikolai Mohr fasziniert von der **Schauspielerei**. Inzwischen stand er bei mehr als 130 Filmen und Serien als Stuntman vor der Kamera

Verwandlungskünstler: Manchmal doubelt der Stuntman auch Frauen. Dank blonder **Perücke** und geschickter Kameraeinstellung fällt das im fertigen Film nicht auf

NIKOLAI MOHR, 34:
STUNTMAN

Arbeitsort: Ich bin in ganz Deutschland im Einsatz. Gedreht wird drinnen und draußen auf Straßen und Plätzen sowie in der Natur.

So sieht mein Alltag aus: Einen richtigen Alltag habe ich nicht. An einem Drehtag komme ich morgens ans Filmset und bekomme ein Kostüm. Dann werde ich geschminkt, damit ich genau so aussehe wie der Schauspieler, dessen Rolle ich in den Stuntszenen spiele. Mit dem Stunt-, Regie- und Kamerateam bespreche ich die Filmszene – und überlege mir, wie ich es anstelle, damit es gefährlich aussieht, aber nicht ist. Wenn ich nicht drehe, gehe ich viel joggen, mache Krafttraining, um mich fit zu halten, und erledige Büroarbeit.

Ich bin Stuntman geworden, weil … ich schon mit acht Jahren das erste Mal vor der Kamera stand und mir das so gut gefallen hat, dass ich es wieder machen wollte.

Das mag ich besonders an meinem Job: die vielen verschiedenen Aufgaben, dass ich viel selbst entscheiden kann und unterschiedliche Menschen treffe. Ein bisschen reizt mich auch der Nervenkitzel, den man vor jedem Stunt hat.

Manchmal nervt mich … dass ich nichts planen kann. Als Stuntman weiß ich manchmal nicht, was ich nächste Woche mache. Ich muss spontan sein, wenn ein Stuntman gebraucht wird. Deshalb sehe ich meine Freunde und Familie leider nicht so oft, wie ich möchte.

Während meiner Ausbildung habe ich gelernt … Es gibt keine typische Ausbildung für Stuntleute. Ich habe fünf Jahre in einer Stuntshow mitgespielt, wo ich gelernt habe, wie man springt, so tut, als ob man sich prügelt, oder brennt. Daneben habe ich mit erfahrenen Stuntmen an Filmsets gearbeitet.

Mein größter Held ist: der Schauspieler Keanu Reeves, weil er super spielt und mit seinem Körper umgehen kann. Und mein Vater Michael, der mich seit meinen ersten Schritten in der Filmbranche begleitet und unterstützt.

Actionfaktor:

Ist was für:
Mutige   Teamworker

KIRSTEN BOIE, 71:
KINDERBUCHAUTORIN

Arbeitsort: ein Schreibtisch im wunderbarsten Arbeitszimmer der Welt!

So sieht mein Alltag aus: Um sieben Uhr stehe ich auf und setze mich an meinen Laptop. Ich lese durch, was ich am Tag davor geschrieben habe. Danach fällt mir sofort ein, wie es weitergehen soll. Ich schreibe drei Stunden lang an meinem Buch. Dann beantworte ich zum Beispiel Mails oder führe Telefongespräche.

Ich bin Kinderbuchautorin geworden, weil ... mir mein Leben lang Geschichten eingefallen sind. Trotzdem bin ich zuerst Lehrerin geworden und fand den Beruf toll. Aber dann haben mein Mann und ich vor fast 40 Jahren zwei Kinder adoptiert, und das Jugendamt, das für Adoptionen zuständig ist, hat mir verboten, weiter als Lehrerin zu arbeiten: Sie fanden damals, dass eine Mutter nicht berufstätig sein darf! Zum Glück ist das heute ja längst nicht mehr so. Jedenfalls habe ich deshalb angefangen, Bücher zu schreiben.

Das mag ich besonders an meinem Job: Ich kann ganz unterschiedliche Bücher schreiben! Für kleine Kinder, für ältere und für Jugendliche. Lustige, traurige, spannende oder ruhige Bücher. Da wird mir nie langweilig. Ich kann über alle Themen schreiben, die ich wichtig finde!

Manchmal nervt mich ... dass ich nicht alles schreiben kann, was mir einfällt, weil mir die Zeit fehlt!

Während meiner Ausbildung habe ich gelernt ... Für Kinderbuchautoren und -autorinnen gibt es keine Ausbildung. Man schreibt einfach los!

Mein größter Held ist: alle Menschen, die sich für das einsetzen, was ihnen wichtig ist – selbst wenn das schwierig oder gefährlich ist. Damit meine ich auch ganz normale Leute, die sich in ihrem Alltag zum Beispiel um Kinder, Alte oder Geflüchtete kümmern, ohne dass sie jemand dafür auszeichnet. Ich finde, das sind echte Helden!

Actionfaktor:

Ist was für:
Kreative   Einzelgänger

Kirsten Boie hat etliche Helden und Heldinnen zum **Leben** erweckt, darunter Mats, Martha und Mikkel aus der Sommerby-Reihe

Wenn die Autorin bei Veranstaltungen **Abenteuer** wie die von Meisterdetektiv Thabo (links) vorliest, hören alle gespannt zu

Auf 6 spannenden Reisen die Wunder der Welt entdecken

1 Jahr GEOLINO EXTRA für 49,80 € lesen oder verschenken und Wunsch-Prämie sichern!

- **6 x GEOLINO EXTRA portofrei nach Hause**

- **Danach jederzeit kündbar**

- **Jede Ausgabe zu einem spannenden Thema**

Gleich Prämie wählen und bestellen:

(DNSI) Anbieter des Abonnements ist Gruner + Jahr Deutschland GmbH. Belieferung, Betreuung und Abrechnung erfolgen durch DPV Deutscher Pressevertrieb GmbH als leistenden Unternehmer.

01

GEOLINO-Heftpaket

· 2 besonders beliebte
  Ausgaben: „Letzte!"
  und „Abgetaucht"
Ohne Zuzahlung

02

Buch „Checker Tobi –
Der große Umwelt-
Check"

· Spannende Checkerfragen zu
  Klima, Wald und Wasser
· Viele Fotos aus den
  TV-Sendungen und tolle
  Mitmach-Checks
Ohne Zuzahlung

03

GEOLINO-
Sammelschuber

· Aus robustem Hartkarton
· Schützt und bringt Ordnung
  in die GEOLINO-Sammlung
· Für bis zu 14 Ausgaben
Zuzahlung: nur 1,– €

Prämie zur Wahl!

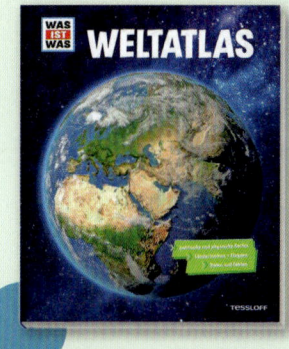

04

WAS IST WAS Weltatlas

· Die ganze Welt in einem Buch
· 232 Seiten im Hardcover
· Altersempfehlung: ab 8 Jahren
Ohne Zuzahlung

05

Hängesessel „Relax"

· Der perfekte Ort zum Träumen
· 100 % Baumwollgewebe
· Lieferung inklusive Sitzkissen
Zuzahlung: nur 1,– €

06

WAS IST WAS
„Entdecke die Welt"

· Kooperatives Quiz-Spiel
· Für 1–4 wissbegierige Kinder
· Altersempfehlung: ab 8 Jahren
Zuzahlung: nur 1,– €

www.geolino.de/extra | +49 (0) 40 / 55 55 89 90

Besser als Batman

SUPERHELDEN IM TIERREICH

Sie kennen keinen Schmerz, verfügen über Supersinne und zücken tödliche Waffen: In unseren Ozeanen, Wäldern und Wüsten leben Geschöpfe, die Catwoman, Batman und Co. locker in den Schatten stellen. Wir präsentieren: sieben **Überflieger** aus der Tierwelt

— Text: Dela Kienle

Mr. Boom

Bekannt als: Bombardierkäfer

Superkraft: Sprengstofflabor im Hinterleib

Einsatzgebiet: weltweit – denn es gibt rund 500 Arten

Die fünf bis 15 Millimeter kleinen Bombardierkäfer wirken wie leichte Opfer. Doch gierige Spinnen, Ameisen oder Kröten bereuen es sofort, wenn sie Mr. Boom zu nahe kommen. Die spritzen dann nämlich blitzschnell Chemikalien in die „Explosionskammer" ihrer Hinterteile. Dort reagieren die Stöffchen, verdampfen, riesiger Druck baut sich auf… Und dann: peng! Rette sich, wer kann! Mit hörbarem Knall schießt ein kochend heißes, ätzendes Gasgemisch aus den Käfer-Pos. Bis zu 80-mal können Bombardierkäfer nach vorn, hinten und um die Ecke feuern. Bäm! Bäm! Bäm!

Megaglubsch

Bekannt als: Koboldmaki

Superkraft: Riesenaugen und Klebefinger

Einsatzgebiet: die Wälder und Sümpfe
Indonesiens und der Philippinen

Er ähnelt Jedi-Meister Yoda aus „Star Wars" und klettert
besser als Spider-Man: Der Koboldmaki besitzt Haftpols-
ter an seinen langen Fingern, mit denen er sich an
Baumstämmen festsaugt. Und das ist längst nicht alles!
Seine Kulleraugen sind größer als sein Gehirn und wirken
wie ein eingebautes Nachtsichtgerät. Mit seinen spitzen,
faltbaren Ohren nimmt der Koboldmaki außerdem
leiseste Geräusche wahr. Artgenossen alarmiert er mit
einer Ultraschall-Geheimsprache: Die Töne der Warnrufe
sind so hoch, dass die meisten Feinde sie nicht hören,
Menschen schon gar nicht. Die dachten lange, Kobold-
makis seien stumm und würden nur häufig gähnen ...

Acidmaster

Bekannt als: Truthahngeier
Superkraft: ätzende Magensäure
Einsatzgebiet: Nord- und Südamerika

Liegt da ein überfahrener Dachs am Straßenrand, oder ist es ein toter Igel? Egal! Denn schon schwebt der Truthahngeier heran, hackt den Kadaver auf und beginnt heldenhaft zu futtern. Igitt. Und hurra! Als gefiederte Müllabfuhr bewahren uns die Aasfresser nämlich vor vielen gefährlichen Krankheitserregern. Die könnten sich schlagartig vermehren, wenn tote Tiere verwesen. Doch der Truthahngeier macht die Keime unschädlich – mit seiner Super-Magensäure. Die ist bis zu 100-mal stärker als menschliche Magensäure und so aggressiv, dass sie sogar die meisten Metalle auflösen würde. Und manchmal wird sie zur biologischen Waffe: Greift ein Feind sein Nest an, übergibt sich der Geier und speit dem Angreifer ätzenden Magenbrei entgegen. Würg!

Hyperschock

Bekannt als: Bärtierchen

Superkraft: ist praktisch unbezwingbar

Einsatzgebiet: feuchte Lebensräume

Das Bärtierchen ist kleiner als ein Stecknadelkopf und tapst mit acht Stummelbeinchen umher. Harmloser geht's nicht! Und doch würde jeder Bösewicht verzweifeln, wenn er das Bärtierchen vernichten wollte. Er könnte es in kochendem Wasser versenken, bei minus 273 Grad Celsius einfrieren, radioaktiv bestrahlen und ohne Schutzausrüstung ins All schießen – der Winzling würde sich einfach in einen todesähnlichen Zustand versetzen und jahrzehntelang so verharren. Wenn sich die Umstände bessern, erwacht das Bärtierchen und tapst einfach weiter. Auf Rache sinnt es nicht.

Faustotronik

Bekannt als: Clown-Fangschreckenkrebs

Superkraft: besitzt irre Hammerfäuste

Einsatzgebiet: Indischer und Pazifischer Ozean

Sein Panzer ist quietschbunt, doch mit dem Clown-Fangschreckenkrebs ist nicht zu spaßen. Schließlich versteckt er echte Superwaffen unter seinem Körper: zusammengefaltete Fangarme mit riesigen Hammerkeulen an den Enden. Die spannt er wie Sprungfedern an und lässt sie dann – zisch! – mit 85 Kilometer pro Stunde vorschnellen. Sein Hieb erreicht die Schlagkraft einer Pistolenkugel. Durch die Geschwindigkeit entstehen im Wasser winzige Gasbläschen, die blitzschnell wieder in sich zusammenfallen. Dabei wird so viel Energie freigesetzt, dass es knallt und manchmal sogar blitzt. Der Gastorpedo betäubt Muscheln und Schnecken – Millisekunden, bevor der Hammer ihre Schalen zermalmt.

Fotos: imago (l.), Shutterstock (r., 2)

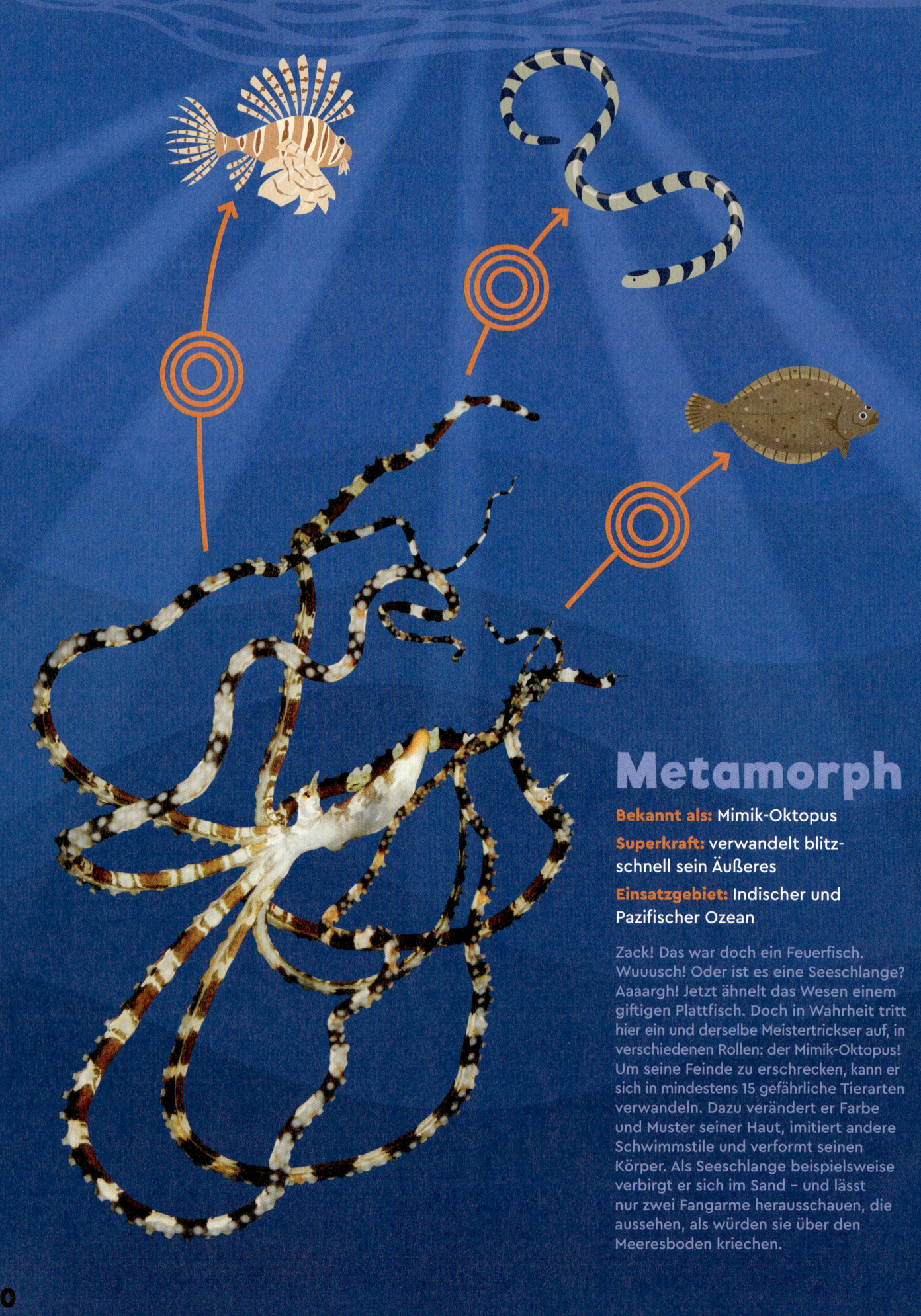

Metamorph

Bekannt als: Mimik-Oktopus

Superkraft: verwandelt blitz-schnell sein Äußeres

Einsatzgebiet: Indischer und Pazifischer Ozean

Zack! Das war doch ein Feuerfisch. Wuuusch! Oder ist es eine Seeschlange? Aaaargh! Jetzt ähnelt das Wesen einem giftigen Plattfisch. Doch in Wahrheit tritt hier ein und derselbe Meistertrickser auf, in verschiedenen Rollen: der Mimik-Oktopus! Um seine Feinde zu erschrecken, kann er sich in mindestens 15 gefährliche Tierarten verwandeln. Dazu verändert er Farbe und Muster seiner Haut, imitiert andere Schwimmstile und verformt seinen Körper. Als Seeschlange beispielsweise verbirgt er sich im Sand – und lässt nur zwei Fangarme herausschauen, die aussehen, als würden sie über den Meeresboden kriechen.

Captain Pinky

Bekannt als: Nacktmull

Superkraft: kennt fast keinen Schmerz und opfert sich für andere

Einsatzgebiet: die Halbwüsten Ostafrikas

Er ist schrumpelig, nackt und besitzt Superkräfte, über die man nur staunen kann! So spürt der Nacktmull kaum Schmerz und kommt ganze 18 Minuten ohne Sauerstoff aus. Vor allem aber altern seine Körperzellen kaum. Der kleine Nager wird zehnmal älter als eine Maus – falls er sich nicht heldenhaft für seine Familie opfert. Nacktmulle leben nämlich mit bis zu 300 Verwandten in unterirdischen, weit verzweigten Kolonien. In die Gänge kriechen immer wieder hungrige Schlangen. Meist kommen sie aber nicht weit, weil sich ihnen ein todesmutiger Nacktmull entgegenstellt – während seine Artgenossen hinter ihm schnell den Zugang zur Kolonie zubuddeln.

Extratour

Habt ihr schon alle Geschichten gelesen? Dann knackt ihr diese Knobeleien bestimmt. Wenn nicht: Viel **Spaß** beim Suchen! Die Lösungen verstecken sich nämlich im Heft

1. Wer hat hier gerade noch mal Schwein?

2. Welche Supertiere haben wir in dieser Abbildung zusammengesetzt?

3. Wer passt nicht in die Reihe?

Balto • Orca • Riddler • Voldemort

4. Wer hat Angst vor grünem Kryptonit?

5. Sechs Freunde sprechen über Helden. Wie viele sagen die Wahrheit? Kombiniert ihre Aussagen, um es herauszufinden!

LUCY: Held sein ist oft schwer. Gandhi verbrachte acht Jahre im Gefängnis.

PAULA: Nelson Mandela sogar 27 Jahre!

BOB: Und Odysseus wurde vom Polyphem gefressen.

LAURA: Zwei von euch liegen falsch.

JIM: Entweder Laura hat recht oder Bob.

REINER: Die größte Heldin ist meist die eigene Mutter.

6. Was löschen diese Feuerwehrmänner?

7. Im Alltag zeigen viele Menschen Zivilcourage und werden zu Helden. Forschende haben das Phänomen untersucht. Was haben sie nicht herausgefunden?

A Wer im Beruf viel mit Menschen zu tun hat, greift bei Streit öfter ein.

B Menschen, die in ihrer Freizeit Superheldenfilme sehen, leisten in Notfällen als Erste Hilfe.

C Wenn viele Menschen eine gefährliche Situation sehen, etwa eine Schlägerei, leisten sie seltener Hilfe als bei wenigen Zuschauenden.

D Zivilcourage kann man lernen, etwa in Kursen der Polizei.

8. Auf wen treffen folgende Aussagen zu?

- besuchte Papst Franziskus
- macht auf das Schicksal von Flüchtlingskindern aufmerksam
- ist dreieinhalb Meter groß

9. Wen erweckt diese Frau zum Leben?

AUFLÖSUNG

1. Odysseus wurde nicht in ein Schwein verwandelt (lest die Geschichte ab Seite 18)

2. Bärtierchen, Nacktmull und Koboldmaki (mehr dazu ab Seite 66)

3. Der Husky Balto rettete Kranke in Alaska. Die anderen sind Schurken (lest dazu die Geschichten auf den Seiten 43, 22 und 56)

4. Für Superman ist der Stoff reines Gift (mehr erfahrt ihr ab Seite 50)

5. Drei, Lucy, Paula und Reiner haben recht (lest hierzu die Seiten 42, 17 und 18)

6. Einen brennenden Kesselwagen (siehe Seite 36)

7. Antwort B. Schon möglich, dass Superhelden-Fans mutig sind, aber das haben Forschende noch nicht untersucht (mehr im Text auf Seite 44)

8. B. Nur die Puppe Amal kann dreieinhalb Meter groß sein (blättert dazu auf Seite 10)

9. Die Heldinnen und Helden in ihren Büchern (siehe Seite 63)

73

Die DOPPEL-X-AGENTEN

Folge 21: Seenotrettung

Ein Junge im Rollstuhl, ein dickköpfiges Mädchen und eine Schildkröte mit Sprachfehler: Das sind die Doppel-X-Agenten. Sie lüften so manches Geheimnis – im Auftrag von Professor XX

Idee & Text: Björn Krause ⸺ Illustration: Manuel Kilger

AGENT SMART
LUKE

AGENT ROCKET
JADA

AGENT POWER
MAYA

200 kg

Auf dem Mittelmeer vor der libyschen Küste. Die Agenten haben sich einen Fischkutter gemietet, um bei einem Angelausflug von ihren letzten Missionen auszuspannen

Ich glaube, ich habe etwas auf Steuerkurs entdeckt, Kapitän!

Stimmt, da ist etwas auf dem Radar. Ich erhöhe unsere Geschwindigkeit mal um ein paar Knoten. Gleich wissen wir mehr …

Nur wenig später

Das hätte ich mir ja denken können ...

Was denn?

Da dümpeln Schlauchboote im Meer, voll mit Flüchtlingen auf dem Weg nach Europa. Das hat mir gerade noch gefehlt!

Die Agenten verlieren keine Zeit

Diese Menschen sind in Lebensgefahr. Wir müssen ihnen sofort helfen!

Stopp!

Was heißt denn hier chtopp? Die Leute da draußen brauchen unsere Hilfe!

So einfach ist das nicht. Kennt ihr denn nicht die Geschichte von Kapitänin Carola Rackete?

Gechischten kannst du erzählen, wenn wir die Menchen an Bord geholt haben. Dann hast du auch gleich ein paar Zuhörer mehr.

Festhalten, Maya! Jetzt testen wir mal meine neueste Erfindung.

Es ist höchste Zeit

Agent Rocket ist sofort zur Stelle

Agent Smart übernimmt das Kommando und koordiniert die Rettungsaktion

Jada, du kümmerst dich um alle, die vielleicht noch ins Wasser fallen. Maya, du knotest die Schlauchboote zusammen und hängst sie dann bei mir hinten an!

Gesagt, getan. Die Boote sind sicher vertäut, und Luke zieht sie zum Kutter

Dort klettern die Flüchtlinge an Bord

Sofort versorgen die Agenten sie mit dem Nötigsten

Wie geht es jetzt weiter, Luke?

Wir müssen sie so schnell wie möglich an Land bringen.

Der kürzeste Weg ist zurück zur afrikanischen Küste, nach Libyen. Da bringen wir sie jetzt hin.

Auf gar keinen Fall! Dann fängt uns die libysche Küstenwache ab. Die Menschen landen dort im Gefängnis, werden gefoltert und misshandelt. Genau davor sind sie doch geflohen! Wir müssen zu einem europäischen Land.

Alles klar! Ich funke mal ein paar Länder an und bitte um Hilfe: Malta, Spanien, Italien und Griechenland – mal gucken, wer antwortet.

Lass das! Niemand wird helfen – keines dieser Länder möchte die Verantwortung für diese Menschen übernehmen. Das wollte ich euch ja eben mit der Geschichte von Carola Rackete erklären. Hört doch endlich mal zu!

Jetzt hat der Kapitän die Aufmerksamkeit, sogar die von Agent Rocket

Im Juni 2019 fuhr die deutsche Kapitänin und Seenotretterin mit ihrem Schiff, der „Sea-Watch 3", im Mittelmeer vor der libyschen Küste entlang, genau wie wir heute. Und genau wie du, Maya, hat sie mehrere überfüllte Boote mit Flüchtlingen entdeckt.

Na gut! So chlescht kann die Gechischte von jemandem, der Rackete heißt, wohl nischt sein. Hihi!

Sie nahm damals insgesamt 53 aus Libyen kommende Flüchtlinge auf, die in Seenot waren ...

SEA-WATCH 3

Und dann wartete sie zwei zermürbende Wochen darauf, eine Genehmigung eines europäischen Landes zu bekommen, die Migranten an Land bringen zu dürfen. Ohne Erfolg! Ich habe keine Lust, so lange hier festzuhängen.

Also wenn wir jetzt schon wissen, dass sich sowieso niemand meldet, dann können wir uns das hier auch sparen und direkt in einen Hafen einlaufen. Luke, welchen schlägst du vor?

Also, ich würde Kurs auf die italienische Insel Lampedusa nehmen.

Das geht nicht! Dorthin wollte auch Kapitänin Rackete fahren. Aber die italienischen Behörden haben ihr strikt verboten, Kurs nach Lampedusa zu nehmen.

STOPPEN SIE DIE MOTOREN!

Kapitänin Carola Rackete hat trotzdem Kurs auf die Insel genommen und wurde noch auf See von den Behörden abgefangen.

Und was ist dann passiert?

Italienische Beamte kamen an Bord und überreichten Rackete ein Schreiben des italienischen Innenministers. Darin stand, dass sie mit einer hohen Geldstrafe rechnen müsse, sollte sie in italienische Hoheitsgewässer einfahren. Und genau das würde auch mich erwarten. Oder ich komme sogar Gefängnis.

SEA-WATCH 3

Jetzt wird Agent Rocket sauer!

Also, willst du diese Menchen lieber dahin zurückchicken? An einen Ort, der so chlimm ist, dass sie es für besser halten, ihr Leben zu riskieren, indem sie auf so einer halb aufgeblasenen Gummiinsel übers Mittelmeer chippern? Escht jetzt?

Ähm ...

Also für mich klingt das so, als wäre Carola Rackete eine echte Heldin!

Für mich auch! Außerdem: Ich weiß, wie die Geschichte ausgegangen ist. Rackete wurde zwar festgenommen, aber drei Tage später hat ein italienisches Gericht die Festnahme für unzulässig erklärt, weil sie ja Menschenleben retten wollte. Finden Sie nicht, dass Sie das riskieren sollten, Kapitän?!

Finde ich nicht! Rackete hat Gesetze gebrochen, und niemand sagt, dass das Gericht wieder so entscheiden würde. Wir fahren jedenfalls nicht nach Lampedusa. Basta! Immerhin bin ich der Kapitän dieses Schiffes, und ich bin es auch, der seinen Kopf hinhalten muss...

KLICK KLICK

Gaaanz genau!

Jada, was hast du getan?!

Als eschter Superheld muss man manschmal eben draufhauen, Luke. Isch habe einen Plan. Setz Kurs auf Lampedusa, Kapitänin Power!

Das lässt Agent Power sich nicht zweimal sagen. Wenig später erreicht der Kutter den Hafen

Die italienische Polizei ist prompt zur Stelle

Der arme Kapitän hier hat sisch so doll den Kopf gechtoßen, dass er ohnmäschtig geworden ist. Diese Heldin hat dann das Ruder in die Hand genommen und das Chiff in den sischeren Hafen gechteuert.

Aber ... Du bist ja noch ein Kind! Dich dürfen wir gar nicht festnehmen. Und den Kapitän trifft ganz offenbar auch keine Schuld.

Hihi, es hat so seine Vorteile, nicht erwachsen zu sein. Das war eine gute Idee, Jada!

Ganz genau! Zum Helden kann wirklich jeder werden. Aber über die Sache mit dem Draufhauen sprechen wir noch mal ...

ENDE

79

Mehr zum THEMA

TOP-3 DVDS

MORGEN GEHÖRT UNS

Arthur, Aïssatou und Hunter habt ihr bereits ab Seite 24 dieser Ausgabe kennengelernt. Noch mehr über sie erfahrt ihr in dem Dokumentarfilm „Morgen gehört uns" über sie. Darin tauchen auch etliche andere junge Menschen auf, die nicht länger hinnehmen wollen, was die Politik über ihre Köpfe hinweg entscheidet. Sie mischen sich ein und erheben ihre Stimmen! Eindrucksvoll könnt ihr miterleben, dass Veränderung meist im Kleinen beginnt, aber trotzdem viel bewirkt. Die Geschichten der jungen Heldinnen und Helden sind beeindruckend, inspirierend und gehen ans Herz.

Morgen gehört uns • Neue Visionen • 1 DVD • etwa 15 Euro

ROCCA VERÄNDERT DIE WELT

Die Mutter ist tot, der Vater als Astronaut auf der Raumstation ISS. Als dann auch noch ihre Oma ins Krankenhaus muss, ist Rocca ganz auf sich allein gestellt. Dem mutigen, aufgedrehten Mädchen macht das nichts aus. Mit Charme und Sturheit löst die Heldin jedes Problem – und erinnert dabei sehr an Pippi Langstrumpf!

Rocca verändert die Welt • Warner Bros • 1 DVD • etwa 6 Euro

ICH BIN GRETA

Ohne sie gäbe es „Fridays for Future" nicht: Greta Thunberg begeistert Hunderttausende Kinder und Jugendliche für den Klimaschutz, für Proteste, für echte Veränderung. Der Film begleitet sie auf ihrem außergewöhnlichen Weg.

Ich bin Greta • als Stream in der ARD-Mediathek

Würfel-Mission

DARUM GEHT'S: Jeder und jede kann es schaffen, sich durch „Missionen" bei seinen Mitmenschen beliebt zu machen – auf dieser Idee beruht „Neue Helden braucht das Land". Die Figuren, die ihr über das Spielfeld schiebt, sind zunächst nicht besonders schlau oder begabt. Aber im Verlauf des Spiels sammeln sie Fähigkeiten und Fans. Wer Letztere am meisten von sich „begeistert", gewinnt.

DARUM LOHNT ES SICH:
Sobald ihr alle Regeln verstanden habt, macht das Spiel eine Menge Spaß! Vor allem denen, die das Würfelglück auf ihrer Seite haben...

Neue Helden braucht das Land • Spiel das! • für 2 bis 8 Personen • etwa 40 Euro

Mut zum Anders-Sein

DARUM GEHT'S: Ein blinder Opernstar, eine mittelalterliche Soldaten-Anführerin, ein „verrückter" Künstler oder die Erfinderin der Steiff-Kuscheltiere: Alle Personen, die das Buch vorstellt, haben einen schwierigen Weg hinter sich. Trotzdem haben sie es zu Erfolg gebracht und Heldenhaftes geleistet.

DARUM LOHNT ES SICH: Lasst euch vom englischen Titel nicht verwirren, der Inhalt ist natürlich auf Deutsch! Und er zeigt eindrücklich, dass „anders sein" niemanden daran hindern muss, das Beste aus sich zu machen.

Ben Brooks: Stories for kids who dare to be different • Loewe • 208 Seiten • 19,95 Euro

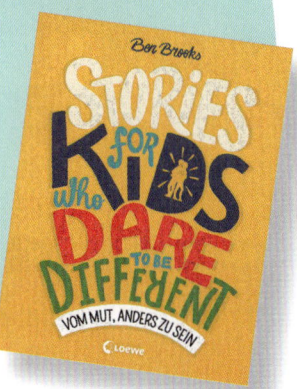

Bild für Bild

DARUM GEHT'S: Um einen coolen Comic zu zeichnen, müsst ihr natürlich ein paar gute Ideen für Storys und Figuren haben und mit einem Bleistift oder Fineliner umgehen können. Genauso wichtig ist es aber, gute Perspektiven zu finden oder die Position der Sprechblasen richtig einzuschätzen. All das lässt sich lernen, und dieses Blanko-Comicbuch hilft euch dabei.

DARUM LOHNT ES SICH: Wer von euch Lust hat, eine eigene Superwelt zu erschaffen, findet hier den nötigen Anschubser.

Mein Comic – das Blanko-Zeichenbuch • EMF • 80 Seiten • 5,99 Euro

Ohne Umhang

DARUM GEHT'S: „Nicht alle Helden tragen einen Umhang" heißt der Titel des Buches auf Deutsch übersetzt. Denn hier geht es nicht darum, ein neues Supergirl oder den nächsten Spider-Boy zu entdecken. Stattdessen animieren euch die Texte und Comic-Episoden dazu, darüber nachzudenken, wo und wie ihr selbst vielleicht aktiv werden könntet.

DARUM LOHNT ES SICH: „Trau dich zu träumen" und „Keine gute Tat ist zu klein" heißen zwei Kapitel. Das Buch ist charmant und eben kein bisschen übertrieben oder angeberisch.

Ben Brooks: Not all heroes wear capes • Carlsen • 160 Seiten • 20 Euro (erscheint am 24.2.22)

VORSCHAU

Das nächste Heft erscheint am **23. März 2022**

Wissenschaftlerinnen und Wissenschaftler haben herausgefunden, dass sich **Schimpansen** bei einigen Aufgaben ziemlich clever anstellen. Sogar cleverer als wir Menschen? Wir wagen einen Selbstversuch

Nussknacker

Abkürzung!

TIERISCH SCHLAU

Ist es nicht erstaunlich, zu welchen Leistungen Tiere im Stande sind? Sie bauen Werkzeuge, lösen **Denkaufgaben** und verständigen sich untereinander. Einige können sich Zahlen merken, Legosteine auseinanderbauen oder Gefäße öffnen. Dabei gehören längst nicht nur Menschenaffen zu den Schlaumeiern im Tierreich! Als besonders clever gelten etwa auch Kraken oder **Rabenvögel** – obwohl deren Gehirne winzig sind. In der nächsten GEOlino-EXTRA-Ausgabe „Tierisch schlau" erklären wir, was Intelligenz überhaupt bedeutet, und stellen die Frage: Lohnt es sich eigentlich immer, klug zu sein? Eine Begegnung mit dem **Gürteltier** zeigt nämlich: Nicht ganz so clever zu sein kann ebenfalls Vorteile haben ...

Tiere wie Bienen oder Ameisen haben kein Superhirn, doch im Volk sind sie klug organisiert. Forschende nutzen solche **Schwarmintelligenz** sogar als Vorbild für Erfindungen

Auch mit **DVD** erhältlich!

Fotos: Minden Pictures/picture alliance (l. o.); imago (r. m., r. u.);